Dr. John Coleman

RĂZBOIUL ÎMPOTRIVA DROGURILOR ÎN AMERICA

OMNIA VERITAS®

John Coleman

John Coleman este un autor britanic şi fost membru al Serviciului Secret de Informaţii. Coleman a realizat diverse analize privind Clubul de la Roma, Fundaţia Giorgio Cini, Forbes Global 2000, Colocviul Interreligios pentru Pace, Institutul Tavistock, Nobilimea Neagră şi alte organizaţii cu teme legate de Noua Ordine Mondială.

Drug War against America

Războiul împotriva drogurilor în America

Tradus şi publicat de Omnia Veritas Limited

OMNIA VERITAS®

www.omnia-veritas.com

Capitolul 1

Războiul împotriva drogurilor în America

Primul pas în rezolvarea unei probleme este recunoașterea acesteia ca atare. America are o problemă cu drogurile, o problemă enormă care refuză să dispară; una care nu va fi rezolvată până când națiunea nu va înțelege originea ei.

Majoritatea americanilor știu că există o epidemie a drogurilor, dar doar o mică minoritate este conștientă că aceasta a fost provocată societății noastre de „stăpânii întunericului, oamenii răi din înalte funcții, care preferă întunericul în locul luminii, deoarece faptele lor sunt rele".

Cine sunt acești oameni și cum conduc cea mai mare și mai profitabilă afacere din lume; ce au realizat și dacă se iau măsuri eficiente de combatere a acesteia, este subiectul acestei cărți.

Vă rog să nu credeți că traficul de droguri este o simplă afacere de stradă, în care traficanții sunt controlați de Mafie. Cu siguranță, aceasta este o parte a problemei, dar adevărații promotori ai acestei afaceri blestemate se găsesc în cercurile „elitei" acestei lumi, în familiile „regale", în familiile „nobile" ale Europei și în cele mai „bune" familii din America, Marea Britanie și Canada. Comerțul ajunge până în cele mai înalte eșaloane ale puterii și nu a fost eradicat, ci doar oarecum ținut sub control. Agenția

Antidrog a SUA (USDA) şi agenţiile antidrog din întreaga lume încearcă să stingă un incendiu de pădure cu furtunuri de grădină care nu au presiunea adecvată a apei. Cum se poate asta?

Răspunsul este că traficul de droguri nu poate fi eradicat deoarece conducătorii săi, stăpânii întunericului, oamenii răi aflaţi în funcţii înalte, nu vor permite ca cel mai profitabil comerţ din lume, cu profituri uriaşe care necesită un capital de investiţie minim, un produs practic gratuit cu costuri de producţie reduse, să le fie luat. Singurele probleme cu care trebuie să se confrunte controlorii acestei „corporaţii" uriaşe sunt livrarea şi distribuţia. Aşa cum am spus într-una din cărţile mele albe, cu siguranţă o naţiune care a putut organiza un efort masiv de mobilizare şi a trimis o armată uriaşă peste ocean pentru a lupta şi a câştiga cel de-al Doilea Război Mondial, poate organiza o campanie pentru eradicarea traficului de droguri?

Este comerţul cu droguri o sarcină mai formidabilă decât a fost războiul împotriva Germaniei şi Japoniei în cel de-al Doilea Război Mondial? Desigur că nu, America poate face asta. Problema este că Factorul X intervine de îndată ce Agenţia Antidrog a SUA începe să stăpânească problema, iar Factorul X este elita conducătoare, ale cărei averi uriaşe provin din comerţul cu droguri.

Acest comerţ a început în 1652 şi a implicat mai multe alte ţări. „Elita" aristocratică britanică conducea de fapt comerţul lucrativ cu opiu din China, iar lordul Palmerstone, din cadrul guvernului britanic, a enunţat acest lucru chiar din Parlament.

Imensa bogăţie şi putere de care se bucură familiile „vechi" ale aristocrației britanice — clasa conducătoare — își au originea direct în acea afacere odioasă și murdară numită „ ". Așa cum am spus adesea în Rapoartele mele săptămânale de informații și în alte lucrări, lunga luptă pentru controlul asupra Hong Kongului care a avut loc între guvernele britanic și chinez nu a vizat insula în sine, ci cine va primi cea mai mare parte din miliardele de dolari generate de comerțul cu opiu al Chinei, care reprezintă 64% din veniturile sale din schimb valutar. Familiile „nobile" din Marea Britanie au luat întotdeauna cea mai mare felie din tort, dar acum că chinezii au cerut o cotă mai mare, odată cu prăbușirea Imperiului Britanic și a puterii sale, Marea Britanie nu a avut altă opțiune decât să accepte cererea, acordul venind cu o condiție. Controlul comerțului mondial urma să rămână în mâinile britanicilor, mâinile pătate ale familiilor „nobile" și foarte respectate, ale celor care nu acordau niciun pic de atenție unor oameni ca poporul american, ale oligarhiei care stă pe scaunele puterii la nivel înalt! Războiul împotriva drogurilor din America a luat o turnură nouă și amenințătoare la începutul anilor 1950, odată cu introducerea drogului LSD în rândul tinerilor americani de către Aldous Huxley și Bertrand Russell.

LSD-ul este fabricat de familia elită elvețiană – nobilimea neagră, Hoffman LaRoche. Experimentul cu LSD se afla oficial sub controlul Centrului de Cercetare Stanford, unde s-au desfășurat experimente ample sub numele de cod „Operațiunea Naomi" și „Operațiunea Artichoke", folosind marijuana și cocaină.

Tineretul american a dispărut sub o furtună de pulbere albă produsă din frunze verzi șifonate. Victimele, de bunăvoie sau nu, au fost „testate" în locuri precum Centrul de Dependență, Spitalul Mt. Sinai și Spitalul de Psihopatie din Boston, pentru a numi doar două dintre cele mai importante centre de testare. Odată cu promovarea simultană a „muzicii" atonale în 12 tonuri a lui Theo Adorno, perfecţionată la Wilton Park, sediul de la, al propagandei britanice şi centru de dezinformare, a apărut o fraudă colosală numită „muzică rock", interpretată de trupe rock, care a servit ca mijloc de introducere a programelor notorii de spălare a creierului şi de „testare" a drogurilor.

Prima dintr-o lungă serie de astfel de înşelăciuni a fost „descoperirea" de către Ed Sullivan a grupului îmbibat de droguri „The Beatles". Întreaga afacere „rock" a fost concepută şi perfecţionată la Wilton Park cu scopul calculat de a o folosi ca vehiculul pentru a induce consumul pe scară largă de droguri în rândul tinerilor americani şi a o transforma într-un obicei social acceptabil. Rockul a fost planificat exclusiv ca un vehicul pentru răspândirea drogurilor, iar toate „grupurile rock" „descoperite" după experimentul Beatles au devenit parte integrantă a unui război psihologic purtat împotriva tinerilor din multe naţiuni. Toate grupurile frauduloase au fost alcătuite la Wilton Park de experţi care au numit-o „muzică atonală", după care Wilton Park a lansat o serie întreagă de „formaţii rock" asupra unui public american neavizat. Ed Sullivan, cea mai cunoscută personalitate radio din S.U.A., a fost complice la crima secolului aducând „Beatles" în America!

Cei care au participat la promovarea concertelor rock sau la distribuirea de discuri şi casete cu acel sunet îngrozitor de discordant, o cacofonie de zgomot care îţi sfâşie mintea, ar fi trebuit să fie urmăriţi penal pentru implicarea lor în răspândirea drogurilor. Cred că toate concertele „rock" constituie o infracţiune penală, deoarece sunt folosite pentru a induce consumul pe scară largă de droguri în rândul tinerilor. Astfel, concertele rock au fost organizate în primul rând ca o acoperire pentru distribuţia de droguri, iar

„muzica" rock a devenit parte integrantă a războiului împotriva drogurilor dus împotriva Americii. Este timpul ca noi, poporul, să ne scoatem mănușile și să dăm câteva lovituri!

Va fi de două ori mai dificil să eradicăm comerțul cu droguri până când „muzica rock" d ă nu va fi eradicată și așa-numitele „pretenții rock" nu vor fi interzise. Asta înseamnă închiderea diviziei de discuri RCA și, așa cum știți cei care mi-ați urmărit rapoartele de-a lungul anilor, RCA este o ramură a Serviciului de Informații Britanic, care a început în 1924, când U.S. Marconi era o filială deținută în totalitate de British Marconi. Atunci, ca și acum, RCA era condusă de britanici prin controlul exercitat de Morgan Guarantee asupra grupului-mamă, Westinghouse și General Electric Company. United Fruit Company — acum United Brands — al cărei președinte, Max Fisher, a donat sume uriașe de bani Partidului Republican în 1972, deținea franciza pentru toate echipamentele de comunicații vândute în America Latină și Caraibe de grupul RCA-Westinghouse-G.E. United Brands este puternic implicată în traficul de droguri, așa cum a demonstrat rarefecata confiscare a uneia dintre navele sale care transporta o încărcătură mare de droguri. RCA avea legături cu Germania înainte de cel de-al Doilea Război Mondial, prin prietenia de-o viață a președintelui RCA, David Sarnhoff, cu Hjalmar Schacht, geniul financiar din spatele lui Hitler. Prieteniile de acest calibru l-au împiedicat pe „judecătorul" Jackson să obțină o condamnare împotriva lui Schacht la „procesele" ilegale de la Nürnberg. Judecătorul Jackson nu era deloc judecător, ci un avocat, care a acceptat apelul disperat al Guvernului SUA de a ocupa postul vacant la procesul de la Nürnberg. Judecătorii obișnuiți din SUA nu au recunoscut legalitatea procedurilor de la Nürnberg și au respins ofertele Departamentului de Justiție de a reprezenta

Guvernul SUA.

Mă grăbesc să adaug că drogurile „recreative” ilegale au fost complet eradicate în Germania în timpul domniei lui Hitler. RCA, prin intermediul lui Sarnhoff (un agent de lungă durată al serviciilor secrete britanice), a depus eforturi personale de strângere de fonduri pentru diverse experimente și proiecte legate de droguri desfășurate de Institutul de Cercetare Stanford, aceeași instituție care a supravegheat notoriul program experimental de control mental cu LSD, MK Ultra.

Dar cum stau lucrurile în prezent? Pe măsură ce ne apropiem de jumătatea anului 2009, imaginea de ansamblu pare foarte sumbră. DEA și autoritățile internaționale antidrog nu au reușit să facă nici măcar o mică breșă în infrastructura bine protejată a comerțului cu droguri. În ciuda eforturilor sporite ale DEA din SUA, fluxul de droguri care intră în America continuă să crească și este acum oficial scăpat de sub control. Asta nu înseamnă că America nu poate opri acest comerț. Ceea ce ne spune este că America duce un război împotriva drogurilor cu ambele mâini legate la spate. Eforturile de combatere a amenințării drogurilor au aerul unei producții de teatru de comedie și nu vor avea mai mult succes decât inițiativele lor anterioare eșuate, cu excepția cazului și până când nu ajungem la persoanele de vârf din spatele întregii scene a drogurilor.

Următoarele măsuri care nu au fost luate trebuie adoptate fără nicio întârziere:

- Oprirea „ajutorului extern” acordat țărilor care produc materiile prime pentru acest comerț.
- SUA trebuie, de asemenea, să încheie un tratat

special de extrădare cu țările producătoare de droguri, care să permită agenților DEA să opereze în țările producătoare cu puteri de extrădare către SUA a principalilor producători de droguri.

Dacă am fost capabili să formulăm Statutul de la Nürnberg pentru „crime împotriva umanității", atunci trebuie să fim capabili și de un acord internațional care să ofere agenților SUA o mare libertate de acțiune, căci nu este oare comerțul cu droguri o crimă împotriva umanității?

- SUA trebuie să numească procurori speciali (așa cum am făcut noi, cei d, în cazul conspirației Watergate planificată de Tavistock) pentru a coordona toate urmăririle penale legate de droguri.

În măsura în care SUA au putut înființa un tribunal internațional la Nürnberg, atunci cu siguranță putem face același lucru și acum, întrucât drogurile și întregul comerț cu droguri reprezintă un război împotriva lumii civilizate – și, cu siguranță, o crimă împotriva drepturilor omului.

- SUA trebuie să demareze un program pentru a încuraja țările care produc materiile prime pentru acest comerț să vândă întreaga „recoltă" unor oficiali numiți și controlați de SUA, în conformitate cu un acord scris prin care se stipulează că nu vor mai fi produse alte „recolte".
- Agenții SUA trebuie să aibă un acord care să permită ca solul din întreaga zonă de cultivare (cum ar fi Helmand în Afganistan, patria macului de opiu) să fie făcut inutilizabil pentru plantarea macului.

Acest lucru poate fi realizat și este mult mai ieftin decât

costul enorm al supravegherii coastelor noastre și al plății facturilor medicale pentru victimele traficului de droguri.

- O măsură pe care SUA o poate lua cu ușurință este adoptarea de legi care să instituie pedeapsa cu moartea pentru toți cei prinși traficând, comercializând și/sau distribuind droguri.
- Dependenții prinși fumând sau consumând droguri ar trebui judecați de un tribunal special și, dacă sunt găsiți vinovați, trimiși într-un lagăr de corecție în mijlocul deșertului Mojave, cu un minim de confort uman.

Ar urma o perioadă de amnistie în care toți traficanții de droguri ar trebui să predea stocurile de droguri agențiilor guvernamentale d are sau comitetelor de cetățeni special selectate, în vederea incinerării imediate. Ulterior, orice persoană prinsă vânzând droguri sau deținând droguri în scopul vânzării ar fi executată.

- Toate localurile în care se consumă droguri pe scară largă, precum discotecile și cluburile de noapte, trebuie obligate să se închidă — proprietarii fiind amendați sever și închiși dacă se dovedește în fața instanțelor procurorilor speciali că în incinta respectivă se consumau droguri. „Concertele rock" trebuie interzise, iar organizatorii acestora trebuie amendați sever și închiși.
- Oricine transportă droguri în SUA sau peste granițele statelor trebuie judecat de procurorii speciali în instanțe înființate în acest scop. În cazul unui verdict de vinovăție, traficanții trebuie condamnați la moarte, iar sentința trebuie executată fără întârziere nejustificată.

- Departamentul Agriculturii al SUA trebuie să încheie tratate cu toate țările producătoare de plante de droguri, care să permită echipelor de agenți americani să „caute și să distrugă" toate locurile în care sunt descoperite plante de droguri.

Acest lucru poate fi realizat în mod ieftin și eficient prin aplicarea unui „erbicid ucigător la lumina soarelui" recent descoperit, care constă dintr-un compus conținând un aminoacid prezent în toate plantele. Compusul este inofensiv pentru viața animală și copleșește creșterea nedorită prin acumularea de aminoacizi în planta de droguri, ceea ce distruge țesutul vegetal și îl deshidratează în trei ore.

Acest nou erbicid este capabil să distrugă fiecare tufă de coca, mac și câmp de marijuana la sursă, fără a provoca daune colaterale culturilor obișnuite sau otrăvirea solului. Dr. William Robertson de la Fundația Națională pentru Știință a declarat că erbicidul este pulverizat chiar la căderea serii. Imediat ce răsare soarele a doua zi dimineață, se declanșează o reacție în lanț, iar plantele de droguri încep să „sângereze până la moarte", pierzându-și toate fluidele interne. În câteva ore, plantele pulverizate se vor ofili și vor muri. Erbicidul este ușor de aplicat, ieftin și sigur pentru mediu. Nu reacționează asupra culturilor alimentare precum grâul, orzul, ovăzul, soia etc.

Cu sprijin intern și acorduri internaționale, SUA ar putea elimina drogurile de pe fața pământului în doar trei ani și la un cost uimitor de mic. Programul poate deveni operațional prin tratate și concordate. Orice țară care refuză să adere la program, care ar include o clauză care să impună staționarea agenților SUA pe teritoriul său, ar avea toate fondurile de ajutor extern din partea SUA tăiate.

Un boicot comercial la nivel mondial (așa cum a fost impus împotriva Germaniei în 1933) trebuie instituit împotriva acelor țări care refuză să semneze, iar presiuni internaționale trebuie exercitate asupra lor prin toate agențiile Națiunilor Unite, de genul celor aplicate fără milă împotriva Africii de Sud și Irakului. Noul produs, ALA, este deja disponibil, iar SUA trebuie să se angajeze într-un program intensiv pentru a-l produce în cantități suficiente pentru a fi utilizat la scară globală.

Trebuie să ne mobilizăm pentru război! Implementarea integrală a acestui program va necesita un efort concentrat, dar nu mai mare decât cel depus în 1939-1945. Dacă am putut depune efortul uriaș din cel de-al Doilea Război Mondial, atunci suntem obligați să depunem același efort și acum. Securitatea Americii nu a fost niciodată amenințată direct de Germania în 1939. Germania nu avea niciun conflict cu SUA, dar traficanții de droguri, „familiile nobile", reprezintă o amenințare directă și foarte prezentă la adresa securității și bunăstării noastre viitoare ca națiune mare. SUA trebuie să declare război acestor țări, iar bazele lor de producție și sistemele de transport și distribuție trebuie distruse. Trebuie să ne mobilizăm resursele masive de potențial uman și tehnic pentru a-i înfrunta pe baronii drogurilor și a-i distruge.

În ultimii 34 de ani, poporul american a privit neputincios cum valul războiului s-a îndreptat împotriva sa. Până acum, poporul american nu și-a dat seama că suntem în război, deoarece inamicul nu putea fi identificat la fel de ușor cum fabricile noastre de propagandă au identificat Germania în 1939. Aceiași „formatori de opinie" din propaganda sunt foarte reticenți în a se lupta cu traficanții de droguri, ceea ce nu este deloc surprinzător când ne dăm seama că „formatorii de opinie" fac parte din aceeași rețea. Există o nevoie urgentă de a le face americanilor să înțeleagă că profiturile obscene din droguri, care distrug milioane de vieți în fiecare an, finanțează și terorismul internațional.

Statisticile recente ale DEA arată o creștere alarmantă a numărului de consumatori de heroină, cocaină și marijuana în America. În ceea ce privește aspectul terorist, nu trebuie decât să ne amintim de activitățile sectei „Calea Luminoasă" din Peru pentru a vedea cum banii din droguri au finanțat crimele.

Acest grup a fost una dintre cele mai violente și mai crude bande teroriste din lume, o bandă de bandiți hotărâți să preia controlul asupra Peru-ului pentru a pune mâna pe afacerea profitabilă a cocainei, până când președintele Fujimoro al Peru-ului s-a implicat personal. Dar a fost o mișcare care urma să-l coste președinția și să-l oblige să fugă în Japonia de teamă pentru viața sa.

Cocaina este o amenințare tot mai mare care afectează 20 de milioane de americani. Popularizată de „elita intelectuală" și de „elita" de la Hollywood, atrage aproximativ 5.000 de noi consumatori în fiecare zi! Frank Monastero, de la DEA, a declarat recent că legăturile cu terorismul prin intermediul comerțului cu droguri sunt foarte puternice, „dar nu cred că acest lucru este privit în acest fel de anumite segmente din administrație". Deși Monastero nu a precizat la ce „segment" se referea, știu din conversațiile pe care le-am avut cu anumiți oficiali americani că se referea la Departamentul de Stat al SUA.

Departamentul de Stat și-a exprimat în mod constant opoziția față de legarea metodelor de combatere a drogurilor de suspendarea „ajutorului extern" și nu a fost de acord cu implementarea metodelor pe care le-am prezentat în această carte. Este un fapt binecunoscut că oficialii Departamentului de Stat consideră o numire în domeniul controlului narcoticelor în străinătate ca fiind cea mai puțin dorită postare în serviciul diplomatic.

Institutul Regal pentru Afaceri Internaționale (RIIA) și Consiliul pentru Relații Externe (CFR), care controlează Rand Corporation (organizația care l-a făcut celebru pe Daniel Ellsberg din scandalul Pentagon Papers), au înrăutățit situația prin redactarea unui document nesolicitat, în care se afirma că eforturile de combatere a consumului de droguri la nivel educațional „sunt contradictorii, ambigue și nu au niciun efect". Acest lucru este în mod evident fals, dar la ce altceva ne putem aștepta de la o instituție condusă de Institutul Tavistock de Relații Umane, ai cărei stăpâni sunt chiar cei care profită de pe urma comerțului cu droguri? Raportul Rand a fost ca și cum am fi tras asupra propriilor noastre trupe, pentru că, dacă ar fi tras asupra traficanților de droguri, ar fi tras asupra prietenilor săi, nu asupra dușmanilor! Rezultatul net al raportului Rand a fost descurajarea programelor educaționale antidrog. Cu toate acestea, Rand primește subvenții mari de la guvernul SUA — un exemplu e de contradicții în eforturile noastre de a reduce la minimum comerțul cu droguri.

Biroul General de Contabilitate (GAO) estimează că doar zece la sută din drogurile introduse ilegal în America sunt interceptate de agențiile de aplicare a legii. Acest lucru ar trebui să ne alarmeze! Cum se face că o națiune puternic industrializată, cu resurse umane, financiare și tehnice atât de mari, reușește să intercepteze doar un procent atât de mic din droguri? Trebuie să căutăm „mâna ascunsă", puterea care controlează traficul de droguri din culise, misterioasa

„Forţă X". Pentru a obţine răspunsul corect la această întrebare, voi aborda acest aspect pe măsură ce vom avansa.

Un document recent pe care l-am văzut afirmă că producţia de mac de opiu în China a crescut cu 50% din 2000. Alte statistici din documentul menţionat mai sus arată că producţia de marijuana şi frunze de coca a crescut cu 30 şi, respectiv, 40%, iar producţia de opiu din mac în Afganistan a crescut de la 4.000 de livre la 6.000 de livre pe an de la invadarea ţării respective de către trupele SUA şi NATO în 2003. Cum a fost realizată această performanţă? A fost realizată printr-un război total împotriva Americii, condus de RIIA, Wilton Park, Institutul Tavistock şi CFR, precum şi de oligarhia conducătoare, familiile Nobilimii Negre din Europa. Principalul lor instrument în acest război a fost ~ şi este în continuare — „trupele rock" şi „concertele rock", precum şi promovarea neîncetată a cacofoniei decadente, atonale, de 12 tonuri, a sunetului care distruge mintea şi care trece drept „muzică". Acest instrument a fost folosit pentru prima dată în 1950 şi este arma principală din arsenalul inamicului în războiul său împotriva Americii şi va continua să fie folosit pentru a răspândi droguri până când cineva va pune capăt acestui lucru odată pentru totdeauna!

Revenind la afacerea cu heroină, principalele locaţii de cultivare a macului se găsesc în aşa-numitul „Triunghi de Aur" din Asia de Sud-Est şi în „Semiluna de Aur" din Iran, Afganistan şi, respectiv, Pakistan.

Este bine să ne amintim că familiile britanice de „sânge albastru" şi-au făcut averile transportând opiu de pe câmpurile din Afganistan şi Pakistan către consumatorii din China, ţări în care au construit, timp de 100 de ani, contactele necesare care le-au permis să desfăşoare în siguranță și profitabil acest comerț până în prezent.

În ceea ce privește Orientul Mijlociu, cea mai mare parte a opiului brut tranzitează prin Liban, Siria și Turcia. După o prelucrare preliminară, acesta ajunge în Europa via Frankfurt. Așa-numita „Mafia de la Frankfurt" se ocupă de partea de distribuție a afacerii, iar celebrul Meyer Lanskey (un membru de frunte al Sindicatului Crimei, acum decedat) era capul acestei operațiuni. După moartea lui Lanskey, poziția a trecut la generalul israelian Ariel Sharon, care a deținut-o până la plecarea sa, care nu a fost regretată. Sharon avea legături foarte puternice cu țările „producătoare", precum Bolivia și Peru, ambele producătoare majore de frunze de coca din care se obține cocaina. Libanul a fost invadat pentru ca țara să poată fi împărțită în feude și, așa cum am dezvăluit într-unul dintre rapoartele mele, Rifaad Assad, fratele președintelui sirian Hafez Assad, a fost mai întâi plasat în arest la domiciliu și apoi exilat din Siria din cauza înțelegerilor „private" pe care le făcea cu Sharon. Expulzarea lui Rifaad Assad din Siria a devenit de domeniu public, dar adevăratul motiv din spatele acesteia – infracțiuni legate de droguri – nu a fost niciodată făcut public.

Rapoarte secrete ale Senatului indică faptul că Departamentul de Stat al SUA nu a respectat directiva președintelui Reagan conform căreia țările producătoare de droguri trebuie sancționate. Acest lucru nu ar trebui să surprindă, având în vedere contextul și controlul d ă exercitat de Chatham House prin intermediul agentului britanic George Shultz, fostul secretar de stat numit de președintele G.H.W. Bush, un fost șef titular al Establismentului Liberal de Est care are legături foarte puternice cu traficul de droguri.

Țările producătoare de droguri susțin că problema drogurilor este una americană și că, atâta timp cât există o cerere americană de droguri, țările producătoare nu fac decât să satisfacă această cerere. Această viziune ignoră complet faptul că, în China, inițial, nu exista nicio cerere de opiu, până când aceasta a fost „creată" de aceleași familii „nobile" fără scrupule, care au satisfăcut apoi „nevoia" și au furnizat opiul. De asemenea, ignoră faptul că aceleași familii conduc în continuare comerțul, dar de data aceasta țara destinatară este SUA. Unii senatori susțin că modalitatea de a opri comerțul este „legalizarea" drogurilor, începând cu marijuana și cocaina. Desigur, se grăbesc să adauge că ar trebui să fie cantități mici, destinate exclusiv consumului personal.

Acest lucru echivalează cu stingerea unui incendiu turnând benzină peste el! Aceiași oameni au plasat armate private în Peru, Bolivia și Columbia pentru a-și proteja investițiile enorme în comerțul cu droguri din aceste țări. Senatoarea Paula Hawkins din Florida a confirmat acest lucru, la fel ca și surse private de informații, care evident nu pot fi numite. În Bolivia, Columbia și Peru, aceste armate private bine înarmate au purtat bătălii aprige cu trupele guvernamentale și adesea le-au învins!

Ca urmare, bandiții dețin acum controlul deplin asupra zonelor de „cultivare", iar oficialii guvernamentali trebuie să obțină permisiune pentru a intra în aceste zone! Bineînțeles, permisiunea nu este niciodată acordată, iar agenții guvernamentali care intră în „zona de excludere" o fac cu riscul de a fi uciși, așa cum se întâmplă, de fapt, cu mulți d. Senatoarea Hawkins era total în favoarea suspendării „ajutorului extern" acordat țărilor care încalcă legea și și-a anunțat intenția de a face acest lucru. Senatoarea Hawkins a fost președinta Comisiei Senatului pentru abuzul de alcool și droguri, dar și-a pierdut curând funcția odată ce a devenit prea insistentă. Hawkins s-a confruntat cu o opoziție foarte puternică din interiorul Departamentului de Stat, deoarece „ajutorul extern" este ceea ce ei consideră a fi strict de competența lor, fără a fi supus interferențelor. Din 1946, când David Rockefeller a instituit această distribuire insidioasă a banilor contribuabililor americani și CFR a introdus-o în legislație, Departamentul de Stat a adoptat o atitudine de „neimplicare" în ceea ce privește escrocheria ajutorului extern. Fostul secretar de stat adjunct interimar pentru narcotice, Clyde D. Taylor, a prezentat poziția Departamentului de Stat după cum urmează:

> Trebuie să privim problema drogurilor în perspectivă — avem alte interese diplomatice în aceste țări, iar dacă intervenim și le alienăm din cauza drogurilor, s-ar putea să regretăm când vom avea nevoie de ele peste câțiva ani pentru altceva. Ideea de a revoca ajutorul extern nu este atât de simplă pe cât ar părea. Nu avem atâta influență pe cât ați putea crede.

Ce mărturisire!

Cu toate acestea, în ciuda opoziției din partea Departamentului de Stat controlat de britanici, s-au înregistrat unele progrese, cel puțin pe hârtie, în ultimii cinci ani. Au fost negociate acorduri de control al drogurilor cu Pakistanul, Bolivia, Peru, Mexic și Columbia, deși pe baze foarte restrânse.

În ceea ce privește Pakistanul, cea mai mare rută comercială de opiu brut din lume, este îndoielnic dacă acordul va avea vreun efect asupra fluxului de opiu către America, deoarece liderii militari și alte agenții de aplicare a legii d ă se opun oricărui control real. Ali Bhutto, fostul președinte al Pakistanului, a fost singurul care s-a opus activ comerțului cu droguri sub protecția armatei și a fost asasinat judiciar de generalul Zia ul Haq, care i-a succedat. Bhutto era pe deplin angajat în eradicarea comerțului cu droguri din Pakistan, iar poziția sa fermă împotriva drogurilor a dus, fără îndoială, la moartea sa. Așadar, nu vă așteptați la o încetinire a comerțului cu opiu din Pakistan. Acesta continuă chiar dacă procurorul general al Statelor Unite, William French Smith, s-a deplasat în Pakistan și a făcut apel personal la guvern să-l oprească cu ajutor substanțial din partea SUA. Răspunsul președintelui ul Haq a fost să-l avertizeze pe William French Smith să părăsească Pakistanul, întrucât nu-i putea garanta siguranța personală. De atunci, niciun procuror general al SUA nu a mai vizitat Pakistanul.

La celălalt capăt al lumii, principalul producător de cocaină este Columbia, deși, în urma descoperirii recente a unor noi plantații de coca în Brazilia, se pare că este probabil să-și piardă locul în favoarea Braziliei.

Cocaina este clasificată ca „neprovoacă dependență", iar mai mulți medici eminenți, plătiți de traficanții de droguri, au declarat că aceasta nu are efecte nocive pe termen lung. Dar totul s-a schimbat când un medic curajos a declarat pentru New York Times că testele efectuate cu cocaina arată că, pe termen lung, consumatorii suferă leziuni cerebrale grave. Conform statisticilor DEA pe care le-am văzut, 75% din toată cocaina și 59% din toată marijuana care ajunge în America provine din Columbia.

Bolivia produce 10%, la fel ca Peru, iar Mexicul produce 9% din marijuana. Marijuana cultivată local reprezintă 11% din piață, iar 9% provine din Jamaica.

„Fabricarea” cocainei este un proces relativ simplu. Planta de la care se recoltează frunzele crește în sălbăticie, dar în prezent este cultivată și în plantații. Frunzele sunt culese de pe tufiș de către muncitori locali ieftini, așezate pe prelate și apoi călcate cu picioarele, după care se toarnă kerosen și carbonat de calciu peste frunzele parțial zdrobite, ceea ce duce la apariția unei paste albe. Se adaugă apoi acid sulfuric și amestecul este filtrat, după care se adaugă o substanță chimică letală, acetona, iar amestecul este lăsat să se usuce. Unii adaugă vin alb la amestec, care, după un timp adecvat, se transformă într-o pulbere cristalină albă pură – cocaina. Este nevoie de aproximativ 300 de livre de frunze de coca pentru a produce o livră de cocaină. Costul forței de muncă și al materiei prime este atât de ieftin încât profiturile de până la 5.000 la sută sunt obișnuite la nivelul producătorului primar.

Comerțul cu droguri din Columbia era, până de curând, protejat pe deplin de armată, justiție și bănci, dar acest lucru a încetat odată cu preluarea mandatului de către președintele Betancourt în 1991. Ofițerii militari disidenți, obișnuiți să obțină profituri uriașe din partea lor de comerț cu cocaină și care nu erau pregătiți să susțină programul antidrog al lui Betancourt, s-au trezit lipsiți de grad și funcție. Dar, de la plecarea lui Betancourt, lucrurile au revenit la „normal”. Cea mai mare parte a banilor proveniți din acest comerț ajunge în băncile din Florida și în băncile elvețiene. Presa elvețiană a mers chiar până la a-l critica deschis pe președintele Betancourt, susținând că politica sa anti-cocaină ar da o lovitură severă economiei columbiene și ar costa țara scump în ceea ce privește schimbul valutar. Aceasta este, desigur, o mare minciună, întrucât cea mai mare parte a „valutei străine” nu se întoarce niciodată în Columbia, ci ajunge în seifurile băncilor elvețiene. Nu e de mirare că bancherilor elvețieni nu le-a plăcut poziția anti-cocaină a lui Betancourt!

Împotriva lui Betancourt s-au aliniat ferm elemente ale Bisericii Gnostice. În Columbia, gherilele MI9 (cunoscute sub acronimul lor spaniol FARC) neagă faptul că cea mai mare parte a veniturilor lor provine din surse legate de droguri. Betancourt l-a convins pe liderul acestora, dr. Carlos Toledo Plata, să semneze un acord cu guvernul columbian care a dus la o încetare a focului, dar nu a trecut mult timp până când Plata a fost asasinat de traficanții de droguri.

La scurt timp după acea crimă, doi bandiți pe o motocicletă l-au împușcat și l-au ucis pe ministrul columbian al Justiției, Rodrigo Lara Bonilla, în după-amiaza zilei de 30 aprilie 1984. Ambii bărbați au fugit în capitala drogurilor, Santa Marta, unde sunt protejați de armatele private ale armatei revoluționare FARC. Ambele crime au fost privite cu ochi buni de către traficanții de droguri, care au foarte mult de pierdut dacă Columbia ar reuși să elimine comerțul cu droguri. Fostul președinte Lopez Michelson a fost puternic implicat în comerțul cu cocaină înainte de a fi înlăturat. El a fugit din țară în urma unui plan eșuat de răpire a unui adjunct al agenției antidrog și s-a ascuns la Paris. Vărul său, Jamie Michelson Urbane, deține o sumă mare de bani în Miami.

Michelson a intrat în mari probleme pentru că a sugerat ca guvernul columbian să negocieze un acord cu traficanții de droguri. Urbane, bancherul banilor din droguri, a fost odată președintele Banco de Colombia, înainte de a fugi la Miami în aceeași zi în care doi dintre managerii săi au fost arestați de Betancourt în temeiul Decretului nr. 2920. Ordinul dat armatei de a începe stropirea cu paraquat (un agent chimic care defoliază plantele și tufișurile) a tuturor câmpurilor unde creşteau plante de droguri a fost o lovitură majoră pentru baronii traficanților de droguri și pentru cei care aveau de câştigat cel mai mult din banii proveniți din cocaină, oligarhii Nobilimii Negre din Europa.

Betancourt, demonstrându-şi intenţia de a zdrobi comerţul cu droguri, nu s-a limitat la simple declarații retorice și s-a confruntat cu o gravă amenințare de asasinat. Nimeni nu ar trebui să creadă că baronii drogurilor și aristocrații europeni ar accepta fără reacție atacurile asupra comerțului lor.

Îmi amintesc foarte bine că, atunci când oficialii americani s-au adresat oficialilor britanici într-o întâlnire extrem de secretă ținută la Cambridge, Anglia, în 1985, pentru a cere ajutor în combaterea traficului de droguri din Bahamas, li s-a refuzat ajutorul sau informațiile. Acest lucru nu va surprinde pe nimeni care cunoaşte Bahamas, unde întregul guvern este implicat în afaceri cu droguri conduse de anumite loji masonice din Anglia, iar veniturile sunt spălate prin Royal Bank of Canada. (Amintiți-vă că Canada este doar un avanpost al familiei regale britanice și nu o țară în acelaşi sens în care America este o ţară.)

Unele dintre băncile americane de frunte din locuri precum Panama facilitează fluxul de bani – estimat în prezent la 550 de milioane de dolari pe an – acționând ca canale convenabile pentru persoanele de vârf din Marea Britanie, Canada și SUA. Se va aminti că generalul Manuel Noriega a ajuns în necazuri când a dezvăluit una dintre băncile Rockefeller din Panama implicată în spălarea banilor proveniți din droguri, în convingerea eronată că îndeplinea dorințele DEA din SUA. DEA. Nu doar băncile protejează și apără acest comerț profitabil. Fondul Monetar Internațional (FMI) joacă un rol din ce în ce mai important în acest comerț. Există numeroase dovezi care arată că FMI protejează comerțul cu droguri încă din 1960, dar în special în ceea ce privește instituțiile britanice de vârf și familiile „nobile” care le conduc.

În Anglia, este perfect legal să consumi droguri, dar nu și să le comercializezi pe piața d. Acest lucru este în conformitate cu politicile FMI și, în ceea ce privește Columbia, se adoptă poziția că această țară are dreptul să câștige valută străină prin exportul de narcotice oriunde există cerere. Motivul invocat este că veniturile obținute din narcotice ajută la rambursarea împrumuturilor FMI – ceea ce este absolut fals. Departamentul de Bancă Centrală al FMI lucrează exclusiv cu bănci offshore care primesc depozite mari de numerar din comerțul cu droguri.

După asasinarea brutală și flagrantă a ministrului columbian al Justiției, Rodrigo Lara Bonilla, „relațiile” FMI și ale Clubului de la Roma au intrat în panică și au început să se distanțeze de „trupele” M19 implicate în traficul de droguri, deoarece Betancourt a mobilizat furios toate rezervele disponibile, calificând asasinatul drept „o pată pe numele Columbiei”. Adresându-se direct publicului, Betancourt a făcut apel la toți cetățenii să-l ajute în lupta sa împotriva traficanților, spunând că „demnitatea națională este ținută ostatică de acești traficanți”.

Biserica Catolică a fost rugată să se alăture luptei și a acceptat să-și pună toată greutatea în spatele președintelui, doar Ordinul Iezuiților rămânând deoparte. Președintele Reagan ar fi făcut bine să imite tacticile lui Betancourt, și cred că ar fi primit o susținere atât de puternică din partea poporului cum nu s-a mai văzut niciodată. Dar, din păcate, Reagan nu a făcut acest lucru. Este îmbucurător să observăm că, deși iezuiții și gnosticii și-au unit forțele cu gherilele M19 pentru a perturba eforturile antidrog ale lui Betancourt, au înregistrat doar progrese minore, în ciuda „mâinii ascunse" puternice care le susținea tacticile disruptive combinate. Betancourt a acordat DEA dreptul de a intra în Columbia și de a pulveriza plantele de droguri cu paraquat. De asemenea, a aprobat mai multe cereri de extrădare d e pentru traficanții de droguri columbieni de vârf pe care SUA încerca de mult să-i prindă. Dar SUA nu a reușit până acum să răspundă la fel și nu l-a returnat pe Michelson Urbane în Columbia.

În timpul vizitei sale în Columbia, senatoarea Hawkins a lăudat eforturile hotărâte ale președintelui columbian de a-i dezrădăcina pe traficanții de droguri. Dar sursele mele mi-au spus că, în ciuda unei încetiniri vizibile a fluxului de cocaină către America, evidențiată de o creștere bruscă a prețului acesteia, asta nu înseamnă că baronii drogurilor nu ripostează. Există dovezi că și-au extins activitățile în Argentina și Brazilia pentru a-și asigura noi locuri de plantare pentru tufișurile de coca.

Unii oficiali columbieni, care nu sunt pe deplin loiali președintelui Betancourt, au susținut că nu pot pătrunde în zonele îndepărtate din junglă unde operează traficanții. Întrebarea este: dacă traficanții de droguri pot ajunge acolo, de ce forțele guvernamentale antidrog nu pot face la fel? Există o nevoie urgentă de a ataca aceste plantații, deoarece au ieșit la iveală dovezi care arată că în aceste regiuni îndepărtate și „impenetrabile" cresc câmpuri experimentale de mac (din care se obține heroina), potrivit lui John T. Cassack, membru al Comisiei speciale a Camerei Reprezentanților pentru abuzul și controlul narcoticelor. „Los grandes mafioses" au parcurs un drum lung de la 1970, când au început cu adevărat să pună în mișcare vânzările de cocaină în SUA. În 2006, au început să folosească flote de bărci, avioane, elicoptere și o armată privată puternic înarmată. Au avut grijă să acționeze ca binefăcători publici, finanțând multe proiecte publice. Publicul îi vede ca pe niște „operatori inteligenți" care profită de o problemă pur americană, o cerere insațiabilă de cocaină și marijuana din partea americanilor. Unul dintre baroni, Pablo Escobar Gavira, a investit sume uriașe de bani în îmbunătățirea cartierelor sărace, un program administrat de iezuiți, care l-au favorizat întotdeauna pe Gavira, un om extrem de bogat.

Gavira a cheltuit odată 50.000 de dolari pe nunta fiicei sale și s-a ales deputat, obținând astfel imunitate parlamentară împotriva arestării. A fost căutat de autoritățile DEA din SUA timp de ani de zile. Dar după ce ministrul justiției Lara a fost doborât de 22 de gloanțe trase dintr-o mitralieră Uzi, o mare repulsie a cuprins poporul columbian. S-au întors împotriva „los grandes mafioses" și lucrurile au început să se miște. Chiar și iezuiții s-au distanțat de Gavira. Odată ce jurisdicția în cazurile legate de droguri a fost transferată armatei, mulți judecători care obișnuiau să participe la petreceri fastuoase organizate de traficanții de droguri au fost lipsiți de puterea pe care o aveau înainte. Episcopul Dario Castrillon a încercat, de asemenea, să nege legătura sa cu traficanții de droguri, spunând că banii pe care i-a primit de la aceștia erau destinați construirii de biserici. Mituirea judecătorilor nu mai era acceptabilă, iar instanțele militare înființate pentru a judeca cazurile de droguri nu puteau fi influențate de mituitori.

Chiar și puternica familie Ochoa a încercat să se ascundă, dar chiar și omul lor, președintele Lopez Michelson, se afla în dificultate. Ochoa l-a sunat în Panama, unde se consulta cu alți traficanți de droguri de rang înalt, pentru a-l avertiza cu privire la arestările în masă care aveau loc acasă. De altfel, Gavira și cei trei frați Ochoa, reprezentând 100 dintre cei mai importanți traficanți de droguri, au apelat la

Michelson pentru ajutor, dar acesta i-a dezamăgit. Cu toate acestea, gangsterii nu s-au dat bătuți. Într-o turnură surprinzătoare, familia Ochoa s-a întâlnit cu procurorul general columbian Carlos Jimenez Gomez în Panama. Din anumite motive, Gomez nu a informat autoritățile americane despre această întâlnire. Dacă ar fi făcut-o, agenții DEA din SUA ar fi obținut o recoltă bogată de arestări în Panama! Ambasadorul SUA, Alexander Watson, a fost informat de Gomez despre întâlnire abia la două luni după eveniment. Acest ridică o altă întrebare. Deoarece se știe că agenții americani de combatere a drogurilor îi urmăresc îndeaproape pe toți principalii traficanți de droguri columbieni, cum este posibil ca acești agenți să nu fi știut de întâlnirea din Panama? Mâna ascunsă, familiile puternice din America și Europa, bancherii elvețieni, FMI și Clubul de la Roma, masonii P2 și probabil CFR, par să fi intervenit în acest moment.

Familia Ochoa a înmânat procurorului general o notă de 72 de pagini, oferindu-se să desființeze întreaga operațiune de cocaină din Columbia în schimbul permisiunii de a se întoarce în Columbia fără teama de a fi arestați. Nota a fost înmânată autorităților americane, care au răspuns că nu fac înțelegeri cu infractorii. În ceea ce-l privește pe procurorul general Gomez, scuza sa fragilă pentru întâlnirea cu baronii drogurilor și pentru faptul că nu și-a informat guvernul în prealabil a fost că s-a dus în Panama pentru alte treburi (pe care a neglijat să le specifice) și i-a întâlnit pe frații Ochoa întâmplător. Gomez nu a explicat de ce nu l-a sunat imediat pe președintele Betancourt pentru a-l informa despre evoluția situației. Adevărul este că Gomez acționa la ordinele „mâinii ascunse" din cartelul columbian al drogurilor. În Columbia, procurorul general este numit de Congres și nu este obligat să răspundă în fața președintelui. Dar mulți congresmeni au fost profund indignați de acțiunile ciudate ale lui Gomez și au cerut demisia sa, pe care acesta a refuzat-o.

Escobar Gavira a început să opereze din Nicaragua sub protecția preoților iezuiți din guvernul sandinist. Fotografiile făcute în secret, care îl arătau pe Gavira și oamenii săi încărcând cocaină într-un avion în acea țară, mi s-au părut destul de autentice, dar nu erau datate. Era acesta un indiciu că guvernul nicaraguan al acelei perioade, dominat de iezuiți, se alăturase războiului împotriva drogurilor împotriva Americii? Cu toate acestea, majoritatea membrilor Camerei Reprezentanților și ai Senatului d, au refuzat în mod constant să-i acorde președintelui Reagan autoritatea de care avea nevoie pentru a răsturna guvernul sandinist.

- Întrebarea este: de ce „reprezentanții noștri" se opun oricărei încercări de a scăpa de guvernul nicaraguan iezuit-comunist?
- Mai mult decât atât, de ce atât de mulți dintre ei au votat în favoarea „ajutorului extern" și a „împrumuturilor" pentru Nicaragua?
- De ce au votat senatorii de Concini și Richard Lugar pentru a le da sandiniștilor comuniști banii noștri din impozite?
- De ce să-i susținem pe oameni precum Manuel de Escoto, care era cunoscut nu numai pentru că îi ajuta pe traficanții de droguri să-și introducă încărcăturile periculoase în America, ci și pentru că a cutreierat lumea atacând America cu fiecare ocazie posibilă?

Până când puterea mâinii ascunse, Clubul de la Roma-CFR-Establishmentul Trilateral Estic și aliații lor din înalte funcții nu vor fi demascați, America nu poate și nu va câștiga acest război teribil. Toate eforturile noastre vor fi în zadar. Până când guvernul SUA nu va convinge Panama să oprească importurile uriașe de ceea ce eu numesc substanțe chimice pentru droguri, comerțul cu cocaină din Columbia nu va fi eradicat.

Ce vrea Panama cu cantități enorme de kerosen, eter și acetonă? Aceste substanțe chimice, după cum știe toată lumea, nu sunt permise ca importuri directe în Columbia, așa că este evident că importurile Panamei sunt transbordate indirect și ilegal în Columbia.

După ce acest text a fost scris în 2003, Columbia a fost forțată să se transforme din ce în ce mai mult într-un stat al drogurilor. Gherilele „ ” au devenit mult mai bine organizate, datorită a trei factori:

- Preluarea controlului asupra Panama, care a dus la o creștere de 65% a fluxului de droguri în zona Canalului Panama.
- Spălarea ușoară a banilor de către băncile din Panama.
- Sprijinul crescut acordat gherilelor MI9 de către Castro.

Acest lucru a dus la furnizarea de arme de calitate superioară către MI9 în cantități mai mari, alături de rezerve de numerar sporite, toate acestea contribuind la extinderea comerțului cu droguri în Columbia. Pablo Escobar a fost „arestat” într-un raid mediatizat intens asupra reședinței sale de lux și a complexului său, dar rapoarte recente ale serviciilor de informații susțin că, după o scurtă ședere într-o închisoare americană, a fost scos din SUA. Se spune că locul său actual de aflare este „necunoscut".

Când făceam cercetări prin sutele mele de caiete de stenografie pe această temă vitală, am dat peste niște statistici interesante pe care le notasem în timpul muncii mele de investigație din Londra. Acestea se referă la faptul că, în 1930, capitalul britanic investit în America de Sud a depășit cu mult investiția totală în așa-numitele „domenii". Pe 30 noiembrie, un anume domn Graham, o autoritate în materie, a declarat că investițiile britanice în America de Sud „depășeau un trilion de lire sterline". Acum, asta se întâmpla în 1930, iar în acele vremuri era o sumă uluitoare de bani. Care a fost motivul pentru care britanicii au investit atât de mult în America de Sud? Răspunsul se rezumă la un singur cuvânt: DROGURI.

Plutocrația care controla băncile britanice deținea controlul asupra finanțelor și, atunci ca și acum, afișa o fațadă cât se poate de respectabilă. Nimeni nu i-a prins vreodată cu mâinile murdare; aveau întotdeauna oameni de fațadă și marionete dispuse să-și asume vina. Atunci ca și acum, legăturile sunt întotdeauna de cea mai subțire natură. Nimeni nu a putut niciodată să pună mâna pe respectabilele familii bancare „nobile" din Marea Britanie, nici atunci, nici astăzi. Dar este foarte semnificativ faptul că 15 membri ai Parlamentului erau controlorii acestui vast imperiu din America de Sud, inclusiv familia Chamberlain și familia lui Sir Charles Barry.

Stăpânii finanțelor și respectabilității britanice, care se lăudau mereu cu opresiunea din Africa de Sud, unde negrii beneficiază de cele mai bune condiții din toată Africa, erau, de asemenea, foarte ocupați în locuri precum Trinidad și Jamaica, unde dețineau, de asemenea, frâiele afacerilor cu droguri. În aceste țări, plutoocrații din familiile respectabile ale aristocrației britanice îi țineau pe negri la un nivel abia peste cel al sclaviei, în timp ce își plăteau singuri dividende generoase. Desigur, s-au ascuns în spatele unor companii respectabile precum Trinidad Leaseholds Ltd. (o companie petrolieră), dar adevărata miză era și este, în continuare, comerțul cu droguri.

Până nu demult, comerțul cu opiu din China nu era un subiect foarte cunoscut. A fost ascuns cât se putea de bine. Mulți dintre studenții mei obișnuiau să vină la mine și să mă întrebe de ce chinezii erau atât de pasionați de opiu. Erau nedumeriți de relatările contradictorii despre ceea ce se întâmplase de fapt în China. Unii credeau că era pur și simplu un caz în care muncitorul chinez cumpăra opiu local și îl fuma într-o fumărie de opiu. Am făcut tot posibilul să le lămuresc mințile curioase.

Adevărul este că comerțul cu opiu în China era un monopol britanic supus politicii oficiale britanice. Comerțul cu opiu al britanicilor indo- i către China este unul dintre cele mai bine păstrate secrete și unul dintre cele mai josnice capitole din istoria colonialismului european. Statisticile arată că aproape 13% din veniturile Indiei aflate sub dominație britanică proveneau din vânzarea de opiu către dependenții chinezi. Dependenții nu au apărut pur și simplu din senin; ei au fost creați. Adică, mai întâi a fost creată o piață pentru opiu în rândul chinezilor, iar apoi „cererea" a fost satisfăcută de oligarhia britanică, stăpânii diverselor case bancare din Londra. Acest comerț profitabil este unul dintre cele mai grave exemple de a face bani din suferința umană și oferă o mărturie unică a afacerilor murdare desfășurate de City of London, care rămâne și astăzi centrul „afacerilor murdare" din lumea financiară. Desigur, veți pune la îndoială această afirmație: „Uitați-vă la Financial Times", veți spune, „este plin de tranzacții comerciale legitime".

Desigur că este, dar nu credeți că nobilii aristocrați vor face publică adevărata sursă a veniturilor lor în Financial Times, nu-i așa?

Britanicii nu au făcut public faptul că opiul era transportat din văile Benaresului și Gangelui din India către China, unde era prelucrat parțial în cadrul unui monopol administrat de stat, o administrație care exista exclusiv pentru a supraveghea comerțul cu opiu. Nu te-ai fi așteptat să citești asta în ziarul „London Times" din acea perioadă, nu-i așa?

Cu toate acestea, acest comerț a fost desfășurat încă din 1652 de către ilustra Companie a Indiilor de Est, în consiliul de administrație al căreia se aflau cei mai sfinți dintre sfinții aristocrației britanice. Aceștia erau o specie deasupra turmei obișnuite a omenirii. Erau atât de înalți și de puternici încât credeau că chiar și Dumnezeu venea la ei pentru sfaturi atunci când avea o problemă în Rai! Ulterior, Coroana Britanică s-a alăturat acestei infame Companii a Indiilor de Est și a folosit-o ca vehicul pentru a produce opiu în Bengal și în alte părți ale Indiei și pentru a controla exporturile prin ceea ce se numea „taxe de tranzit", adică o taxă percepută de la toți producătorii de opiu, înregistrați în mod corespunzător la autoritatea de stat, care își trimiteau producția în China. Înainte de 1885, când era încă „ilegal" (acesta era doar un cuvânt folosit pentru a obține un tribut mai mare de la producătorii de opiu – nu a existat niciodată vreo încercare de a opri comerțul), cantități absolut colosale de opiu erau expediate în China. Britanicii deveniseră atât de îndrăzneți, încât, departe, de cealaltă parte a lumii, au încercat să vândă armatelor Uniunii și ale Confederației această substanță letală sub formă de pastile. Vă puteți imagina ce s-ar fi întâmplat cu America dacă planul ar fi reușit? Fiecare soldat care a supraviețuit acelei teribile tragedii ar fi părăsit câmpul de luptă, complet dependent de opiu.

Comercianții și bancherii din Bengal s-au îmbogățit și s-au mulțumit cu sumele enorme de bani care s-au revărsat în cuferele lor din acest comerț cu opiu din Bengal achiziționat de Compania Britanică a Indiilor de Est (BEIC), motiv pentru care profiturile lor se situau în zona profiturilor realizate de cea mai mare companie farmaceutică, Hoffman La Roche, aceeași Hoffman La Roche care produce, printre altele, LSD. Hoffman La Roche invocă Legea elvețiană privind spionajul industrial împotriva oricui îndrăznește să le expună lăcomia rapace, așa că trebuie să fim atenți când ne exprimăm opinia.

În orice caz, Hoffman La Roche produce un medicament utilizat pe scară largă numit Valium. Costul de producție este de aproximativ 3,50 dolari pentru 2,5 livre. Ei îl vând cu 20.000 de dolari pe kilogram, iar până când ajunge la publicul american, care consumă Valium în cantități astronomice, prețul este de 50.000 de dolari pe kilogram! Hoffman La Roche face cam același lucru cu vitamina C, asupra căreia deține un monopol similar. Producția acesteia le costă aproximativ 1 cent pe kilogram, iar ei o vând cu un profit de aproximativ zece mii la sută.

Când un om curajos pe nume Adams, care a lucrat odată pentru ei, a dezvăluit aceste informații Comisiei Economice Europene (Comisia pentru Monopoluri a CEE), a fost arestat și maltratat de poliția elvețiană, care l-a ținut în izolare timp de trei luni. Apoi a fost dat afară din slujbă și din Elveția, pierzându-și pensia și tot ce avea. Ca cetățean britanic, a continuat să lupte împotriva Hoffman La Roche. Țineți minte asta data viitoare când îi vedeți pe acei oameni de afaceri elvețieni atât de corecți și politicoși. Elveția nu înseamnă doar pârtii de schi alpine și aer curat sub cerul albastru. Sectorul său bancar este de mult timp suspectat că prosperă pe seama afacerilor cu droguri, legale și ilegale, și a profiturilor enorme realizate de liderii comerțului cu droguri, acești câini din iad. Imaginea „curată" a Elveției începe să pară pătată când ridici colțul cortinei. În timpul mandatului său de prim-ministru, doamna Thatcher a făcut un tur al punctelor vamale britanice de la aeroportul Heathrow din Londra. Scopul ei era să le țină vameșilor un „discurs motivant" despre combaterea amenințării drogurilor. Ce ipocrizie. Principalul ziar conservator britanic a ridiculizat efortul doamnei Thatcher, dar nu a numit-o ipocrită și nici nu a dezvăluit în vreun fel adevărul despre cine se află în spatele amenințării.

„Oh", veți spune, „dar atât americanii, cât și britanicii au făcut recent câteva capturi notabile de droguri". Da, dar asta reprezintă 0,0009% din valoarea totală a drogurilor disponibile pe piața liberă. Este ceea ce marii traficanți de droguri și bancherii lor respectabili numesc „parte din costul afacerii". Nimeni care a participat la înmormântarea unui tânăr dependent de droguri – și sunt multe în fiecare zi – nu poate să nu fie mișcat de remarca prim-ministrului despre problemele legate de droguri cu care se confruntă Marea Britanie. Nimeni nu s-ar fi opus probabil criticilor ei la adresa traficanților. „Vă urmărim", a spus ea. „Vă vom urmări fără încetare."

Doamnă Thatcher:

> Eforturile vor fi din ce în ce mai mari până când vă vom învinge. Pedeapsa va fi închisoarea pe termen lung. Pedeapsa va fi confiscarea tuturor bunurilor obținute din traficul de droguri. De asemenea, va exista un sprijin larg în rândul britanicilor pentru a respinge apelurile din

> străinătate de a ajuta britanicii prinşi traficanţi de droguri, în special un tânăr britanic care riscă pedeapsa cu moartea în Malaezia pentru că a încercat să introducă heroină prin aeroportul din Penang. Nu are rost să apelaţi la noi. Peste tot în Malaezia veţi găsi afişe care spun că pedeapsa pentru traficul de droguri este moartea.

Este bine, dar atunci ar trebui aplicată cu aceeaşi forţă tuturor celor aflaţi în vârful ierarhiei aristocratice din Anglia. Când un tânăr britanic a fost executat în Malaezia pentru trafic de droguri, ar fi trebuit să fie executată şi jumătate dintre cei enumeraţi în Debretts Peerage (o listă a familiilor engleze cu titluri nobiliare din înalta societate). Pe cine credea doamna Thatcher că va afecta noua sa poziţie „dură"? Credea oare că familiile de vârf din Hong Kong, Keswick şi Matheson, vor fi intimidate de retorica sa? Deşi cuvintele sale au avut poate efectul de a speria câţiva dintre peştii mici, peştii mari, graşi şi alunecoşi i-au scăpat din plasă, iar peştii mici care au fost prinşi au fost în curând înlocuiţi de mii de alţii, dornici să le ia locul.

Ameninţarea drogurilor nu va fi combătută luptând împotriva ei la nivelul străzii. În ceea ce mă priveşte, şi în opinia mea, bazată pe anii mei de cercetare în acest domeniu,, afacerea cu droguri, cel puţin în Marea Britanie, este condusă de persoanele de vârf din ierarhia britanică, folosindu-se chiar de instituţii precum Venerabilul Ordin al Sfântului Ioan de Ierusalim.

Încă din 1931, directorii generali ai aşa-numitelor „Big Five" din Anglia au fost recompensaţi cu titlul de „pari ai regatului". Cine decide cum sunt acordate onorurile liderilor de vârf din industria drogurilor? În Anglia, este regina Elisabeta Guelph, mai cunoscută ca şefa Casei de Windsor. Băncile implicate în acest comerţ sunt prea numeroase pentru a fi enumerate, dar câteva dintre cele mai importante sunt Midland Bank, National and Westminster Bank, Barclays Bank şi, desigur, Royal Bank of Canada.

Mulţi dintre aşa-numiţii „bancheri comerciali" din City of London sunt implicaţi până peste cap în comerţul cu droguri, instituţii financiare venerabile precum Hambros, de exemplu. Permiteţi-mi să fiu mai specific şi să menţionez nume ilustre precum familia lui Sir Anthony Eden.

Conform documentelor secrete pe care le-am văzut şi conform celor mai bune analize ale acestor documente, familia Eden s-ar fi calificat pentru „lista de onoruri" a doamnei Thatcher. Dacă cineva ar putea examina arhivele Biroului pentru India din Londra, aşa cum am avut eu norocul să o fac, cred că ar deveni evident că nu se poate trage altă concluzie. Sunt profund îndatorat administratorului documentelor regretatului profesor Frederick Wells Williamson pentru ajutorul şi asistenţa acordate în studiul acestor documente. Dacă documentele ar fi făcute publice, ce furtună s-ar abate asupra capetelor viperelor încoronate din Europa! Potopul de heroină ameninţă să înghită lumea occidentală. Această vastă întreprindere este condusă şi finanţată de ambele părţi ale Atlanticului — de anumiţi membri ai establishmentului liberal britanico-american.

Ce este heroina?

Este un derivat al opiului, iar opiul, spune renumitul autor Galen, este un drog care ameţeşte simţurile şi induce somnul. Este, de asemenea, unul dintre cele mai dependente droguri de pe piaţă. Seminţele de mac, din care se obţine pasta de opiu, erau cunoscute de mult timp de mogulii din

India, care, conform înregistrărilor, foloseau semințe de mac amestecate cu frunze de ceai și serveau băutura dușmanilor lor atunci când nu era oportun să le taie capetele. Încă din 1613, primul opiu a ajuns în Anglia din Bengal prin intermediul Companiei Indiilor de Est, dar aceste importuri erau doar cantități foarte mici. Micii proprietari de pământ și clasa de mijloc engleză nu puteau fi convinși să consume drogul, motiv pentru care Compania Britanică a Indiilor de Est l-a importat în primul rând. În fața unui eșec atât de evident, oligarhia a început să caute o piață care să nu fie atât de inflexibilă, iar China a fost alegerea lor. În documentele „The Miscellaneous Old Records of the India Office", am găsit confirmarea faptului că comerțul cu opiu a luat cu adevărat avânt odată cu introducerea drogului în China. Acest lucru este confirmat și în documentele personale ale lui Sir George Birdwood, un funcționar al Companiei Britanice a Indiilor de Est (BEIC). În scurt timp, cantități uriașe de opiu au început să fie transportate în China. Acolo unde BEIC a eșuat în Anglia, a reușit acum dincolo de cele mai îndrăznețe previziuni printre „coolies" din China, ale căror vieți mizerabile au devenit suportabile datorită drogului.

Abia în 1729 guvernul chinez a adoptat prima dintr-o serie de legi împotriva fumatului de opiu, iar de atunci oligarhia britanică a intrat într-o luptă continuă cu autoritățile chineze, luptă pe care chinezii au pierdut-o. Autoritățile americane duc, la rândul lor, o luptă continuă cu baronii drogurilor din zilele noastre și, la fel cum chinezii și-au pierdut bătălia, la fel și SUA pierd lupta actuală.

Când vorbesc despre opiul din Bengalul indian, mă refer la opiul obținut din capsulele de semințe ale macului de opiu cultivat în bazinul Gangelui. Cel mai bun opiu provine din Bihar și Benares, și, desigur, există mult opiu de calitate inferioară din alte zone ale Indiei. În ultima vreme, opiu de o calitate excelentă (dacă se poate aplica cuvântul „excelent" unui produs atât de periculos) provine din Pakistan în cantităţi foarte mari. Profitul din acest vast comerţ a fost cunoscut timp de mulţi ani sub numele de „Prada Imperiului".

Într-un proces notabil desfăşurat în 1791, un anume Warren Hastings a fost acuzat că a ajutat la îmbogăţirea unui prieten în detrimentul Companiei Indiilor de Est. Formularea propriu-zisă este interesantă, deoarece confirmă suma enormă de bani care se câştiga.

Acuzaţia era că Hastings acordase „un contract pentru furnizarea de opiu pe o perioadă de patru ani domnului Stephen Sullivan, fără a-l scoate la licitaţie, în condiţii evident avantajoase şi excesiv de generoase, cu scopul de a crea o avere instantanee pentru respectivul domn Stephen Sullivan". Deoarece Compania Indiilor de Est, semi-oficială şi mai târziu oficială, deţinea monopolul, singurele persoane cărora li se permitea să facă „averile instantanee" erau aşa-numita „nobilime", „aristocraţia" şi familiile oligarhice din Anglia. Persoanele din afară, precum domnul Sullivan, se trezeau curând în necazuri dacă îndrăzneau să încerce să le ajute să intre în afacerea de miliarde de lire sterline!

În 1986 am văzut o publicaţie dintr-o sursă extrem de dubioasă (prin aceasta mă refer la faptul că era evident un produs al Departamentului al Treilea al KGB-ului), care pretindea să arate că traficul de droguri era legat de miticii „nazisti". Organizaţia care a tipărit materialul este mereu pe urmele naziştilor. Dacă o cămilă din grădina zoologică din New York ar răci, ar fi vina miticilor „nazisti".

Cinci ani de investigații, inclusiv mai multe conversații personale cu omul care ar fi fost șeful și geniul organizatoric din spatele miticelor conturi bancare naziste din băncile elvețiene, m-au convins că autorii materialului tipărit aruncau o pistă falsă. Așa-numiții „nazisti" nu au absolut nimic de-a face cu traficul de droguri, spre deosebire de britanici și americani — un fapt foarte bine cunoscut de DEA din SUA.

Așa cum am menționat de atâtea ori înainte, există încă sceptici care nu cred că onorabila BEIC, cu lunga sa listă de directori care erau onorabili membri ai Parlamentului și aparțineau doar celor mai bune cluburi de domni din Londra, desfășura comerțul lucrativ cu opiu și nu tolera nicio interferență din partea guvernului britanic sau a oricui altcineva, de altfel. Comerțul dintre Marea Britanie și China era monopolul BEIC. Compania avea un mic truc ingenios; majoritatea membrilor săi din India și din țară erau, de asemenea, magistrați. Chiar și pașapoartele eliberate de companie erau necesare pentru a debarca în China.

Când un număr de anchetatori au sosit în China pentru a investiga acuzațiile privind comerțul cu opiu formulate în Anglia, pașapoartele lor britanice au fost revocate prompt de „magistrații" Companiei Indiilor de Est. Fricțiunile cu guvernul chinez erau frecvente. Oficial, China adoptase o lege (Edictul Yung Cheng din 1729) care interzicea importul de opiu. Cu toate acestea, Compania Britanică a Indiilor de Est s-a asigurat că opiul a figurat în continuare în lista tarifelor vamale chineze până în 1753, taxa fiind de trei taeli pe lădiță de opiu. Pe atunci, serviciul secret special al monarhului Angliei (un fel de „007" al vremii) se asigura că persoanele care puneau probleme erau mituite, iar dacă nu puteau fi mituite pentru că aveau destui bani proprii, erau pur și simplu eliminate.

Capitalismul colonial britanic a fost întotdeauna pilonul principal al sistemelor feudale oligarhice din Anglia și rămâne așa până în ziua de azi. Când fermierii-gherilă sud-africani, săraci, neinstruiți și slab echipați militar, au căzut în mâinile pătate de droguri ale aristocrației britanice în 1899, nu aveau nicio idee că războiul nemilos și crud purtat împotriva lor a fost posibil doar datorită sumelor incredibile de bani, care proveneau din „averile instantanee" ale comerțului britanic cu droguri din China și care curgeau în buzunarele plutocraților care au orchestrat războiul. Adevărații instigatori ai războiului au fost Barney Barnato și Alfred Belt, amândoi din Germania, și Cecil John Rhodes, un agent al casei bancare Rothschild, o bancă scăldată într-o mare de bani generați de comerțul cu droguri. Nemulțumiți, aceștia doreau bogățiile de aur și diamante care se aflau sub solul arid al savanei sud-africane. Acești trei bărbați i-au jefuit pe boeri, proprietarii de drept ai aurului și diamantelor, de o avere colosală, iar în acest demers au fost ajutați, susținuți și protejați de Parlamentul britanic.

Familia Joel și familia Oppenheimer, care erau familiile de frunte implicate în exploatarea aurului și a diamantelor, sunt, în opinia mea bine documentată, cei mai mari hoți care au pătat vreodată această planetă, și nu îmi cer scuze în niciun fel pentru această judecată aspră.

Sud-africanul de rând, care ar fi trebuit să beneficieze de aurul și diamantele în valoare de miliarde și miliarde de dolari extrase din solul Africii de Sud, nu a primit aproape nimic din această imensă avere. Pe scurt, sud-africanii au fost jefuiți de dreptul lor din naștere, deoarece, spre deosebire de capitalismul adevărat, sistemul capitalist babilonian care funcționează în Africa de Sud nu permite împărțirea bogăției; aceasta nu ajunge la cei care au câştigat-o.

Aceasta este crima secolului, din punct de vedere financiar, și totul a fost posibil datorită vastei averi provenite din comerţul cu opiu, care i-a permis reginei Victoria să finanţeze un mare război de opresiune împotriva burilor. Este practic imposibil pentru un străin să pătrundă în secretele oligarhiei britanice și ale familiilor interconectate care o alcătuiesc. Estimez că 95% din populaţia britanică trebuie să se mulţumească cu mai puţin de 20% din averea naţională a ţării, iar asta este ceea ce ei numesc „democraţie". Nu e de mirare atunci că Părinţii Fondatori ai Republicii Americane urau și dispreţuiau „democraţia".

Camuflajul pe care oligarhii și l-au aplicat ca o culoare protectoare este foarte greu de penetrat. Cu toate acestea, el afectează viaţa fiecărui american, deoarece ceea ce dictează Marea Britanie, America execută.

Istoria este plină de astfel de exemple. Nu trebuie decât să ne uităm la propaganda britanică care a băgat America în Primul Război Mondial prin marea minciună a scufundării Lusitaniei, pentru a vedea cât de adevărată este afirmaţia mea. Nu avem de-a face aici cu „domni britanici drăguţi și cumsecade"; avem de-a face cu o elită nemiloasă, hotărâtă să-și protejeze modul de viaţă și care este indisolubil legată și împletită cu afacerea cu droguri.

Majoritatea liderilor politici britanici de importanţă d ă sunt toţi descendenţi ai așa-numitelor familii cu titluri nobiliare, titlul fiind transmis la moartea titularului fiului cel mai mare. Acest sistem a camuflat un element deosebit de străin care s-a strecurat în aristocraţia superioară. Priviţi omul care a dictat cursul celui de-al Doilea Război Mondial, Lord

Halifax, ambasadorul britanic la Washington. Fiul său, Charles Wood, s-a căsătorit cu domnișoara Primrose, care este rudă de sânge cu cea mai ignobilă Casă a Rothschild. În spatele unor nume precum Lord Swaythling se ascundea numele Montague, asociat cu regina Elisabeta, acționarul majoritar al Shell Oil Company. Desigur, nu se îndrăznește să se spună nimic despre imensa avere pe care o obține din comerțul cu droguri, un comerț care, așa cum am arătat, datează din secolulal XVIII-lea.

Unul dintre principalii promotori ai comerțului cu opiu în China a fost lordul Palmerston, care s-a agățat cu încăpățânare de convingerea că acest comerț va fi lăsat să continue.

Într-o scrisoare de la unul dintre oamenii săi aflați la fața locului, un anume domn Elliott, se spunea că o cantitate suficientă de opiu predată guvernului chinez ar ajuta la crearea unui monopol. Ulterior, britanicii ar fi reținut aprovizionarea, făcându-i pe „coolie" chinezi să plătească mai mult pentru proviziile lor. Apoi, când guvernul chinez ar fi fost în genunchi, britanicii s-ar fi oferit din nou să-i aprovizioneze la un preț mai mare, păstrându-și astfel monopolul prin intermediul guvernului chinez. Dar planul nu a avut succes pentru mult timp. Când guvernul chinez a răspuns prin distrugerea unor mari cantități de opiu depozitate într-un depozit, iar comercianții britanici au fost obligați să semneze un acord în calitate de persoane fizice prin care se angajau să nu mai importe opiu în orașul Canton, aceștia au contracarat această măsură prin contractarea diverselor companii paravan pentru a importa în numele lor și nu a trecut mult timp până când multe dintre navele aflate în portul Macao aveau încărcături pline de opiu.

Comisarul chinez Lin a declarat:

> Există mult opiu la bordul navelor engleze care se află acum în portul acestui loc (Macao) și care nu va fi niciodată returnat în țara de unde a venit. O vânzare trebuie să aibă loc aici, pe coastă, și nu m-ar surprinde să aud că este introdus ilegal sub pavilion american.

Dar să trecem la istoria mai recentă a acestui comerț infam, care s-a extins pentru a include cantități uriașe de cocaină, precum și medicamente produse legal, care generează profituri enorme, precum Valium și alte așa-numite „medicamente eliberate pe bază de rețetă". Familiile oligarhice din Marea Britanie și-au mutat sediul central de la Canton la Hong Kong, dar au continuat să activeze în același domeniu. Ele sunt încă implicate în acest comerț și astăzi, în 2009, după cum o va demonstra o listă cu nume proeminente din colonie.

Așa cum am spus în lucrările mele anterioare, o industrie secundară derivată din comerțul cu opiu a făcut din Hong Kong cel mai important centru de tranzacționare a aurului din lume. Aurul este folosit pentru a plăti țăranii care produc opiul brut; la urma urmei, ce ar face un țăran chinez cu o bancnotă de 100 de dolari americani? Opiul produce 64% din produsul național brut al Chinei, ceea ce vă va da o idee despre cât de vastă este această afacere „în afara contabilității". Neoficial, se estimează că este egal cu produsul național brut (PNB) combinat al cinci dintre națiunile mai mici din Europa, și anume Belgia, Olanda, Republica Cehă, Grecia și România.

Triunghiul de Aur este probabil principalul furnizor de opiu brut din afara Afganistanului, deși poziția sa este contestată de Pakistan, India, Liban și Iran. Ce rol joacă băncile în acest comerț profitabil? Este o poveste foarte lungă și complicată, care va trebui să aștepte o altă carte. O modalitate este metoda indirectă, prin care băncile d ul finanțează companiile paravan care importă substanțele chimice necesare pentru transformarea opiului brut în heroină.

Banca Hong Kong și Shanghai, cu o sucursală mare în Londra, se află chiar în centrul acestei afaceri. O companie numită Tejapaibul are conturi la Banca Hong Kong și Shanghai, cunoscută afectuos sub numele de „Banca Hongshang". Cu ce se ocupă această companie? Importă cantități foarte mari de anhidridă acetică, substanța chimică esențială necesară în procesul de rafinare. Această companie este principalul furnizor de anhidridă acetică pentru Triunghiul de Aur. Finanțarea comerțului este delegată unei filiale a Hong Shang Bank, Bangkok Metropolitan Bank. Astfel, activitățile secundare legate de comerțul cu opiu din Triunghiul de Aur, deși nu sunt la fel de mari ca comerțul propriu-zis cu opiu, aduc totuși venituri foarte substanțiale acestor bănci.

Am fost criticat pentru că am legat prețul aurului de fluctuațiile comerțului cu opiu. Să aruncăm o privire la ceea ce s-a întâmplat în 1977, un an critic pentru aur. Banca Chinei a șocat pasionații de aur și pe acei analiști inteligenți care se găsesc în număr mare în America, eliberând brusc și fără avertisment 80 de tone de aur pe piață.

Experții nu știau că China cumpăra și acumula aur de mult timp. Acest lucru a determinat scăderea prețului aurului. Tot ce au putut spune experții a fost că nu știau că Republica Populară Chineză deținea atât de mult aur! De unde a venit aurul? A venit din comerțul cu opiu, unde acesta este un mijloc de „plată" în Hong Kong, dar geniile noastre în previziunile prețului aurului nu aveau de unde să știe asta!

Nu doar britanicii operează în Triunghiul de Aur. Cumpărători importanți (sau reprezentanții lor) călătoresc regulat la Hong Kong din toată lumea occidentală pentru a face achiziții. Din portul Hong Kong se transportă en gros heroină, heroină destinată să ajungă în Occident și să fie distribuită la așa-numitele concerte „rock". China Roșie este fericită să coopereze cu ambele părți într-o astfel de afacere profitabilă. Întâmplător, politica Chinei față de Anglia, în ceea ce privește comerțul cu droguri, s-a schimbat puțin față de cum era în secolul[al XIX-lea]. Economia chineză, legată de economia Hong Kongului, ar fi suferit o lovitură teribilă dacă nu s-ar fi ajuns la un acord.

Una dintre dovezile acestui fapt este împrumutul acceptat de China de la Standard and Chartered Bank. De atunci, familia Matheson a făcut un pas înainte și a investit 300 de milioane de dolari într-un nou proiect imobiliar dezvoltat în comun de Republica Populară Chineză și băncile familiei Matheson. Oriunde te-ai uita în centrul modern al Hong Kongului, vezi clădiri înalte noi, o mărturie a legăturilor strânse dintre marile bănci, comerțul cu opiu și China comunistă.

Aș dori să citez ceea ce a spus ambasadorul Venezuelei la ONU cu ceva timp în urmă, și cred că este o declarație foarte bine gândită:

> Problema drogurilor a încetat deja să mai fie tratată doar ca o problemă de sănătate publică sau ca o problemă socială. Ea are consecințe grave și de anvergură care afectează suveranitatea noastră națională; este o problemă de securitate națională, deoarece lovește în independența națiunii.

Drogurile, în toate manifestările lor de producție, comercializare și consum, denaționalizează și denaturalizează pe toată lumea, afectând viața noastră etică, religioasă și politică, valorile noastre istorice, economice și republicane. Exact așa funcționează FMI și Banca Reglementărilor Internaționale (BRI). Afirm fără ezitare că aceste bănci nu sunt altceva decât case de compensare pentru comerțul cu droguri.

BRI ajută orice țară pe care FMI dorește să o scufunde, punând la punct modalități și mijloace care permit fluxul ușor al capitalului de fugă. De asemenea, BRI nu face nicio distincție între ceea ce este „capital de fugă" și ceea ce reprezintă bani spălați proveniți din droguri. Chiar dacă ar putea face diferența, BRI nu spune niciodată nimic, așa cum a indicat clar raportul său anual pentru 2005. Referindu-ne la declarația ambasadorului venezuelean, constatăm că BRI denaționalizează în mod serios multe țări, interferând în viața lor etică, religioasă, economică și politică, prin cererile sale transmise prin FMI. Și dacă vreo țară (inclusiv SUA) refuză să se supună, BRI spune, de fapt: „Bine, atunci vă vom șantaja prin intermediul dolarilor proveniți din narcotice pe care îi deținem pentru voi în cantități foarte mari". Este ușor de înțeles acum de ce aurul a fost demonetizat și înlocuit de „dolari" de hârtie ca monedă de rezervă mondială. Nu este atât de ușor să șantajezi o națiune care deține rezerve de aur, pe cât este o națiune care deține „dolari" de hârtie fără valoare.

Mini-summitul Conferinței Monetare Internaționale, desfășurat la Hong Kong și la care a participat o sursă din interior a mea, a abordat tocmai această chestiune și, din ceea ce mi s-a raportat, FMI este destul de sigur că poate face exact acest lucru – să șantajeze națiunile cu „dolari-drog", care nu vor să-i respecte condițiile.

Rainer E. Gut, de la Credit Suisse, a spus că prevede o situație în care creditul național și finanțarea națională vor fi în curând sub o singură organizație umbrelă. Deși nu a spus-o în mod explicit, este clar despre ce vorbea Gut, și anume, sub BRI, într-o structură de guvern mondial unic. Nu vreau ca nimeni să aibă vreo îndoială.

De la Columbia la Miami, de la Palermo la New York, de la Triunghiul de Aur la Hong Kong, drogurile sunt o afacere uriașă. Nu este o afacere măruntă de la colțul străzii. Știți la fel de bine ca mine că organizarea cu succes a celei mai mari afaceri din lume necesită o mulțime de bani și expertiză.

Aceste talente nu se găsesc în metrourile și la colțurile străzilor din New York, deși traficanții și vânzătorii ambulanți sunt o parte integrantă și importantă a sistemului, deși sunt doar vânzători de mică anvergură, ușor de înlocuit. Dacă câțiva sunt prinși sau uciși, ce contează? Există o mulțime de înlocuitori. Nu, nu este o organizație mică, ci un vast imperiu, această afacere murdară cu droguri. Și, din necesitate, este condusă de sus în jos, de către oamenii de la vârf din fiecare țară pe care o atinge.

Dacă nu ar fi așa, la fel ca terorismul internațional, ar fi fost eradicată cu mult timp în urmă — faptul că nu numai că încă funcționează, ci și crește, ar trebui să indice oricărui om rezonabil că această afacere își are fundamentele la cele mai înalte niveluri.

Principalele țări implicate în această afacere, cea mai mare din lume, sunt URSS, Bulgaria, Turcia, Liban, SUA și Franța, Sicilia, Asia de Sud-Vest, India, Pakistan, Afganistan și America Latină, deși nu în ordinea importanței. Din punctul de vedere al consumatorului, SUA, Europa și, mai recent, Regatul Unit sunt principalele piețe de.

Așa cum am indicat, nu se vinde droguri în URSS, în țările din spatele Cortinei de Fier sau în Malaezia. Multe dintre țările producătoare, precum Turcia, au pedepse foarte severe pentru consumatorii de droguri și traficanții mărunți. Unele țări aplică chiar pedeapsa cu moartea — strict pentru peștii mici, ca o mișcare de fațadă pentru a arăta lumii cât de „anti-droguri" sunt.

Imperiul drogurilor este împărțit între două „produse", și anume heroina tradițională și cocaina, apărută relativ recent. Există o a treia categorie de droguri fabricate de companii „legale", precum celebra Hoffman La Roche, care produc substanțe letale precum LSD, Quaaludes și amfetamine; așa-numitele „stimulante și sedative" din ceea ce oamenii de pe stradă numesc „paradisul consumatorilor de pastile". Este acest imperiu o afacere slab organizată?

Răspunsul pare să fie un „da" cu rezerve. Există excepții. Kintex, celebra companie bulgară de medicamente, este fără îndoială o întreprindere de stat bulgară. Multe dintre băncile care gestionează banii murdari (și știu foarte bine că sunt bani murdari) sunt bănci multinaționale binecunoscute, care își desfășoară activitatea prin intermediul unei rețele de filiale.

Compania Kintex, de exemplu, are propriile depozite, flote de camioane, inclusiv vehicule acoperite de tratatul internațional al Pieței Comune (CEE), și o rețea sofisticată de curieri, inclusiv piloți și echipaje de linie.

Pentru cei care nu sunt familiarizați cu CEE, permiteți-mi să explic că vehiculele TIR sunt camioane „Triangle International Routier”, marcate clar în acest mod; acestea ar trebui să transporte numai mărfuri perisabile. Acestea ar trebui să fie inspectate în țara de plecare din cadrul CEE de către personalul vamal al respectivei țări și sigilate cu un sigiliu special.

Conform obligațiilor tratatului internațional ale țărilor membre, aceste camioane nu trebuie oprite la granițe și sunt întotdeauna lăsate să treacă fără inspecție. Este vorba de a-i crede pe cuvânt pe bulgari și turci și de a spera la Dumnezeu că camioanele TIR nu conțin heroină, cocaină sau opiu brut, hașiș și/sau stimulente și sedative. Problema este că, în multe cazuri, camioanele TIR conțin cantități mari de droguri.

La urma urmei, este un fapt binecunoscut că baronii drogurilor nu respectă tratatele internaționale și, în orice caz, pot întotdeauna să-și pună la treabă lacheii plătiți din alte țări pentru a înlocui documentele, ascunzând faptul că camionul TIR provine din Sofia, Bulgaria.

Singura modalitate de a opri aceste cantități uriașe de heroină și hașiș să treacă din Orientul Îndepărtat este să se pună capăt sistemului TIR. Dar exact pentru asta a fost creat! Uitați de mărfurile perisabile și de facilitarea comerțului. Asta e doar fum în ochii lumii. TIR înseamnă droguri în mult prea multe cazuri. Amintiți-vă asta data viitoare când veți citi despre o captură mare de heroină găsită într-o valiză cu fund fals la aeroportul Kennedy, iar un „mule” nefericit este arestat. Asta este strict „o nimica toată” pentru mass-media.

Există și alte zone în care se cultivă macul: Turcia, Pakistanul și Iranul. Dar, așa cum s-a întâmplat de peste trei sute de ani, marfa „cea mai bună" provine din India-Pakistan și Thailanda. În aceste zone îndepărtate, cu munți înalți și văi, membrii triburilor din munți cultivă planta și colectează seva groasă din capsula de „ " după ce aceasta este tăiată cu o lamă de ras.

Cea mai mare parte a acestei activități se află în mâinile triburilor sălbatice din Thailanda, iar în India, membrii triburilor baluchi sunt cei care cultivă și culeg această cultură comercială „de aur". Ei o numesc „Triunghiul de Aur", deoarece membrii triburilor insistă să fie plătiți în aur. Pentru a facilita acest lucru, Credit Suisse a început să vândă lingouri de aur pur de 1 kilogram (cunoscute în comerț sub denumirea de „four ninths"), deoarece aceste lingouri mici sunt ușor de transportat și de tranzacționat. Cea mai mare parte a acestui aur trece prin Hong Kong, care tranzacționează mai mult aur decât New York și Zurich la un loc în plină „sezon al drogurilor", așa cum este cunoscut printre comercianții de aur din Hong Kong. Se estimează că numai această zonă produce aproximativ 175 de tone metrice de heroină pură într-un an bun. Heroina este apoi transportată către mafia siciliană și partea franceză a afacerii, pentru a fi rafinată în laboratoarele care infestează coasta Franței de la Marsilia la Monte Carlo (și asta include familia Grimaldi — deși nu sugerez că există un laborator în palatul lor!)

Traseul urmat trece prin Iran și Turcia, precum și prin Liban. Comerțul din Pakistan se desfășoară prin coasta Maccra. În Iran, „transportul" este realizat de kurzi, așa cum s-a întâmplat de secole. Una dintre principalele zone de tranzit este, desigur, Turcia, dar în ultima vreme Beirut a devenit extrem de important, de unde și războiul care se desfășoară în această țară, pe măsură ce fiecare baron local încearcă să-și croiască propriul fief, băncile elvețiano-libaneze fiind la îndemână pentru a ajuta cu aspectele financiare. În prezent, există rafinării foarte importante în Turcia, ceea ce reprezintă o evoluție destul de recentă. În mod similar, în Pakistan, noi laboratoare, care funcționează ca „laboratoare militare de apărare”, rafinează opiul brut, facilitând transportul acestuia mai departe.

Ar putea fi acesta motivul pentru care SUA susțin Pakistanul și, nu India; pentru că anumite bănci au investiții mari în Pakistan, și nu în pudră de curry sau covoare! Dar rafinarea finală și mai elaborată se desfășoară în continuare în laboratoare din Turcia și de-a lungul coastei franceze.

Acum opriți-vă aici și gândiți-vă la ce am scris. Este posibil ca, cu toate tehnicile, metodele și echipamentele sofisticate disponibile, agențiile de aplicare a legii să nu poată descoperi și distruge aceste fabrici de heroină? Dacă acesta este adevărul, atunci serviciile noastre de informații din Occident au nevoie de tratament geriatric, nu, probabil că au murit cu mult timp în urmă, iar noi am uitat să le îngropăm!

Chiar și un copil ar putea spune agențiilor noastre de combatere a drogurilor ce trebuie să facă. Ar fi foarte simplu să se țină sub control toate fabricile care produc anhidridă acetică, componenta chimică esențială necesară pentru rafinarea heroinei. Este atât de simplu încât este ridicol, și îmi vine în minte „Inspectorul Clouseau” din seria de desene animate și filme „Pantera Roz”. Cred că chiar și bietul bătrân Clouseau ar fi capabil să găsească laboratoarele urmărind traseul și destinația anhidridei acetice. Guvernele ar trebui să adopte legi care să oblige producătorii să țină un registru special în care să se menționeze cui este vândut produsul. Dar nu vă faceți iluzii în privința asta; amintiți-vă că traficul de droguri înseamnă o afacere uriașă, controlată de oligarhia din Europa, Anglia și vechile familii „nobile" din America. Acum nu vă aprindeți și nu-mi spuneți: „Nu, nu este așa".

Desigur, familiile nobile din Marea Britanie și America nu își vor expune marfa în vitrina magazinului, iar într-o afacere atât de murdară e nevoie de oameni murdari care să o conducă, deci – Mafia. Oamenii nobili nu și-au murdărit niciodată mâinile în timpul comerțului cu opiu din China și au devenit mult mai isteți de atunci. Dacă, din întâmplare, vreunul dintre ei ar fi arestat c, nu ați auzi niciodată despre asta și ar fi eliberat în curând.

Comerțul cu droguri este condus de o organizație slab structurată? Din nou, un da cu rezerve, dar amintiți-vă, America și Anglia sunt conduse de 300 de familii și toate sunt interconectate și împletite prin companii, bănci și căsătorii, fără a mai menționa legăturile lor cu Nobilimea Neagră. Deși este doar o entitate slab structurată, nu încercați să o penetrați.

Dacă umblați și puneți întrebări în cercurile nepotrivite, riscați să vi se întâmple lucruri foarte ciudate — asta dacă mai rămâneți întregi. În transporturi egale, la intervale regulate, „marfa vine din Turcia și ajunge în Bulgaria. Acolo este reambalată în camioane TIR și expediată la Trieste, pe coasta Adriaticii, sau pe coasta Franței. Din nou, de ce nu se supraveghează fiecare camion TIR din aceste două zone și nu se pune sub supraveghere 24 de ore din 24? Există, de asemenea, rute maritime și rute aeriene, ambele bine protejate de „autorități superioare".

Aşa cum am spus, se prinde câte un curier; uneori se reţine chiar şi un transport mare, nu atât heroină (pentru că este mai valoroasă); este vorba în principal de cocaină şi marijuana, care sunt consumabile ca parte a costurilor de afaceri. Oricât de ciudat ar suna, „pistele" vin adesea chiar de la traficanţii de droguri înşişi, atunci când sunt implicate cantităţi mici.

În America de Sud, lupta se dă împotriva cocainei. „Fabricarea" cocainei este relativ simplă şi ieftină, produsul de bază fiind uşor de obţinut la un cost redus. Se pot face averi uriaşe dacă cineva este dispus să-şi asume riscul; nu atât un risc legat de forţele de ordine, cât riscul de a intra în conflict cu Regii Cocainei.

Intruşii nu sunt bineveniţi şi, de obicei, sfârşesc ca victime în „războaiele de familie" care izbucnesc constant. Principalele ţări producătoare de cocaină sunt Columbia, Bolivia şi Peru, existând unele încercări de a introduce arbustul de coca în Brazilia. În Columbia, mafia drogurilor este o familie strâns unită de gangsteri, bine cunoscuţi de autorităţi.

Problema este să se facă ceva în privinţa lor. Beneficiind de protecţie din partea celor mai înalte autorităţi din Anglia şi America, baronii cocainei dispreţuiesc în mod deschis eforturile luptătorilor sinceri împotriva drogurilor, precum preşedintele Betancourt din Columbia.

Betancourt a făcut aproape tot ce i-au permis resursele sale limitate, dar nu a fost suficient. Flagelul traficanţilor şi producătorilor de cocaină continuă să domine viaţa naţională columbiană. Se pare că nu există nicio cale de a-l eradica. Betancourt a dus o luptă crâncenă pentru a supraviețui. Baronii drogurilor, pe de altă parte, au primit tot sprijinul posibil din partea FMI și nu mai era vorba dacă Betancourt va supraviețui; era doar o chestiune de cât timp va putea rămâne la putere. Celălalt furnizor principal de cocaină către Statele Unite este Bolivia și, pentru o scurtă perioadă, președintele Siles Zuazo a încercat să oprească valul de cocaină care curgea în America, dar eforturile sale au eșuat. Și aici, el a fost împiedicat la fiecare pas de FMI și de Banca Reglementărilor Internaționale (BRI). Fiecare dintre planurile sale economice a fost declarat „inacceptabil" de către FMI. Au fost instigate tulburări de muncă; grevele și „părăsirile în masă" au afectat administrația sa. Cei care au orchestrat această campanie anti-Silas au fost capetele încoronate ale viperelor Europei. Silas nu s-a bucurat de sprijinul armatei boliviene; prea mulți dintre ofițerii de rang înalt fuseseră bine plătiți de baronii cocainei înainte ca Silas să ajungă la putere. Le lipseau „avantajele" care însoțeau funcția. Nu le păsa de austeritatea impusă de FMI. Situația a ajuns la apogeu pe 14 iulie 1985, când Silas a fost înlăturat în urma alegerilor naționale.

Fostul șef al țării din 1971 până în 1978, Hugo Banzer Suarez, a câștigat detașat. Acest lucru nu a fost neașteptat, deoarece Suarez a primit un sprijin foarte puternic din partea bancherilor de pe Wall Street și a prietenilor lui Henry Kissinger și, desigur, a obținut un vot de încredere din partea clasei ofițerilor bolivieni.

În calitate de fost dictator și prieten al mafioților bolivieni, se aștepta ca Suarez să extindă comerțul cu cocaină. Ca „recompensă" pentru ajutorul primit de la FMI, se aștepta ca Suarez să aplice condițiile brutale impuse Boliviei de către FMI și, ca urmare, am văzut mulți bolivieni murind de foame și de înfometare în lunile care au urmat. Desigur, toate acestea sunt în conformitate cu Raportul Global 2000. În același timp, un adevărat val de cocaină a început să se revarsă în SUA.

FMI, acționând în numele ierarhiei afacerilor cu droguri din Anglia și SUA, a reușit să arunce Bolivia în haos. De fapt, țara era de neguvernat în perioada în care au avut loc alegerile. La asta se referea ambasadorul venezuelean când a spus: „comerțul cu droguri încalcă suveranitatea națională, politica și economia". Nu pot găsi un exemplu mai clar decât Bolivia. Odată cu victoria lui Banzer, zâna bună a FMI a anunțat brusc că va susține Bolivia în negocierile cu creditorii străini. Industriile cheie ale Boliviei sunt mineritul și agricultura. Ambele se aflau într-o stare de faliment, provocată în mod deliberat de FMI pentru a-l înlătura pe Siles și a-l pedepsi pentru poziția sa împotriva comerțului cu cocaină. Faptul că FMI a avut succes este prea evident. Peru este un alt producător important de cocaină d, care a fost, de asemenea, atacat de FMI din cauza poziției anti-cocaină a noului său lider. La 2 august 1985, guvernul a anunțat o acțiune de represiune împotriva traficanților ilegali de valută, cu peste două sute de arestări, ratele dobânzilor au fost reduse, iar salariile minime au crescut cu cincizeci la sută.

Acest lucru era absolut contrar cerințelor și condițiilor FMI, care solicitau măsuri de austeritate stricte. FMI a luat rapid măsuri.

Mișcarea de gherilă, practic zdrobită, a început brusc să capete o nouă energie și, sub conducerea liderului său, Abinal Guzman, a declanșat o serie de violențe în urma cărora au murit sute de țărani. Explozia bombelor a zguduit Lima.

Economia a fost paralizată. Sătulă de haos, națiunea a cerut cu insistență un lider puternic. L-au găsit în persoana lui Alberto Fujimora, cetățean peruvian de origine japoneză. Fujimora era un om de mare onoare și integritate, care părea să fie cea mai bună speranță de a scăpa Peru de blestemul traficului de droguri. Ales cu o majoritate zdrobitoare, Fujimora s-a confruntat cu sarcina descurajantă de a lupta pe frontul economic împotriva FMI și BRI, precum și împotriva lui Guzman și a armatei sale de gherilă, bine finanțată și susținută de SUA și Marea Britanie.

Capitolul doi

Rolul Afganistanului în comerțul internațional cu opiu/heroină

Afganistanul este din nou în centrul atenției pur și simplu pentru că este una dintre principalele surse de opiu brut, așa cum a fost încă din vremea Companiei Britanice a Indiilor de Est (BEIC), strămoșii Comitetului celor 300. Voi examina, de asemenea, rolul jucat de Pakistan în cultura macului de opiu și motivul pentru care Statele Unite au închis ochii de cel puțin trei ori când guvernul ales al Pakistanului a fost răsturnat și înlocuit de un regim militar, în timp ce Chile și Argentina au fost vizate de „măsuri speciale” pentru aceeași „crimă”.

Afganistanul este o țară musulmană străveche situată la nord de Munții Hindu Kush. Unele instrumente vechi găsite în Valea Haibak au fost datate cu carbon, ceea ce a arătat că aveau cel puțin o mie de ani. Ceea ce a atras occidentalii către această țară este faptul că avea climatul și solul ideale pentru cultivarea macului producător de opiu. A fost condusă de dinastia Barakzai între 1747 și 1929 și era cunoscută pentru conflictele prelungite dintre membrii dinastiei și liderii tribali.

Înainte de secolul al XVIII-lea, țara se afla sub stăpânirea Persiei și, parțial, sub stăpânirea Indiei. Familia Barakzai a controlat comerțul cu opiu timp de cel puțin 150 de ani și, după cum știm, când forțele armate ale SUA au răsturnat regimul taliban, au plasat un membru al clanului, Hamid Barakzai, la conducerea Afganistanului, iar țara se află în prezent sub controlul său.

În 1706, Kandahar și-a declarat independența, iar în 1709 Mir Vais, un căpetenie Ghilzain și musulman sunnit, a învins armatele persane trimise împotriva sa la Kandaha, ceea ce a asigurat menținerea comerțului cu opiu în mâinile britanicilor.

În 1715, Mir Abdullah i-a succedat lui Mir Vais, dar a fost prins încercând să facă pace cu persanii și a fost detronat în 1717. A urmat o perioadă de rivalitate intensă, urmată de o invazie a Persiei de către afgani.

În 1763, Zaman Shah, fiul lui Timur, a ajuns la putere, dar în loc de unitate, perioada sa a fost marcată de rivalități tribale totale și neîncetate și de bătălii aprige. Tatăl său, un conducător timid, nu a putut împiedica India să îi ia o parte din teritorii, inclusiv Punjabul, care a fost pierdut în fața sikhilor în timpul bătăliilor din 1793-1799.

În 1799, emisari ai BEIC au început să sosească la Kandahar pentru a se întâlni cu conducătorul, Shah Shuja. În 1809, înainte de moartea lui Shah Shuja, BEIC a încheiat un acord cu acesta prin care se angaja să ajute la respingerea „străinilor”, în special din Persia și India. În 1818, Mahmud Shah a preluat controlul țării și s-a apucat să consolideze relațiile cu BEIC, care la acea vreme se ocupa de „expansiunea agricolă” sub forma unor vaste câmpuri de mac. Simțind că îi aștepta o pradă bogată, persanii au invadat țara în 1816, dar au fost alungați de Path All Kahn, un soldat și confident al BEIC.

În 1818 a izbucnit o revoltă între triburi cu privire la cultivarea macului și veniturile obținute din vânzarea opiului brut către BEIC. Ca urmare, Afganistanul a fost împărțit în enclave tribale: Kabul, Kandahar și Ghazni etc. În această perioadă de divizare, India a furat Kashmirul de la Afganistan, deoarece dorea o parte din profitabilul comerț cu opiu. În 1819, după o serie de războaie tribale, Dost Mohammed a capturat Kabulul și a devenit conducătorul Ghazni și Kandahar. Văzând o șansă de a se băga în comerțul cu opiu, care înflorea sub BEIC, Persia a atacat Herat în 1837 și a izbucnit un conflict tribal care a durat până în iulie 1838. Cauza principală a luptelor a fost comerțul cu opiu, aflat ferm în mâinile britanicilor. Măiestrul intrigilor, guvernul britanic a încheiat un acord cu Ranjit Singh și Shah Suju, care, sub auspiciile BEIC, urmau să-l repună pe tron pe Shah Shuja, unificând astfel triburile și blocând efectiv Persia. Dar, fără știrea britanicilor, Dost Mohamed se îmbogățea implicându-se în comerțul cu opiu, încheind afaceri în afara BEIC.

În 1839, trupele britanice staționate în India au pătruns în Afganistan în cadrul Primului Război Afgan. L-au detronat pe Dost Mohammed și l-au exilat în India. Bunurile sale au fost confiscate de Compania Britanică a Indiilor Orientale (BEIC), iar trupele britanice au preluat controlul asupra marilor orașe și localități, dar au constatat curând că aveau de-a face cu o forță tribară greu de controlat, organizată în diverse alianțe.

Pe parcursul întregii perioade, nimic nu a fost lăsat să stea în calea cultivării macului, iar cantități mari de opiu brut au fost expediate din Afganistan, de obicei prin ceea ce urma să devină Pakistanul. În această perioadă, deoarece compania știa cum să controleze triburile locale și să asigure protecția investițiilor lor profitabile, aceasta a obţinut profituri uriaşe. În Camera Comunelor d, la Londra, s-au ridicat întrebări cu privire la motivul pentru care trupele britanice erau dislocate într-o ţară atât de izolată precum Afganistanul, când nu exista nimic semnificativ care să le ţină acolo. Bieţii membri ai Parlamentului (MP) nu ştiau aproape nimic despre vasta avere acumulată în fiecare an de BEIC. În timp ce britanicii îşi promovau lupta cu „lordii războiului" chinezi (în realitate, ofiţerii vamali ai guvernului Chinei), ei păstrau războaiele din Afganistan ca pe un secret bine păzit.

Când a izbucnit războiul împotriva britanicilor, purtat de membrii triburilor sub comanda lui Dost Mohammed, acesta a fost prezentat în ziarele britanice ca o „ciocnire tribală", dacă a fost menţionat deloc. O forţă britanică în marş spre Kandahar a fost atacată de forţele lui Dost Mohammed, care au fost respinse, iar liderul lor a fost luat prizonier şi exilat în India.

În 1842, Sir Alexander Burns l-a repus pe Shah Shuja pe tron. Londra a crezut că această acţiune va potoli triburile, dar, dimpotrivă, a dus la o mare agitaţie care a culminat cu uciderea lui Sir Alexander şi a unui trimis britanic pe nume Sir William McNaughton. Acesta a fost semnalul pentru o revoltă generală împotriva dominaţiei britanice, iar Lord Auckland a trimis o forţă britanică de 16.000 de soldaţi britanici şi sepoyi pentru a ocupa Kabulul. Însă revolta a fost atât de violentă încât forţele britanice au fost nevoite să se retragă de la Kabul la Kandahar. Pe drumul de întoarcere, însă, forţele britanice au căzut într-o ambuscadă a 3.000 de membri ai triburilor, care le-au provocat numeroase pierderi. A fost ucis şi Shah Shuja, pe care membrii triburilor îl considerau o marionetă a britanicilor.

Afganii au preluat acum controlul asupra câmpurilor de

mac de opiu, iar diverşi lorzi ai războiului au început să-şi impună controlul asupra rutelor de opiu care ieşeau din ţară. Mai rău decât atât, au început să perceapă tribut de la caravanele BEIC care treceau în India, în zona de control britanic.

Caravanele de animale de povară încărcate cu opiu brut erau atacate atunci când tributul nu era plătit, iar opiul era furat, mulţi fiind ucişi de către lorzii războiului. În timpul acestor episoade, Rudyard Kipling a scris poveştile sale îndrăzneţe despre forţele britanice care păzeau ruta prin Trecătoarea Khyber. Cetăţenii britanici obişnuiţi erau încântaţi de aceste povestiri de curaj. Ei nu aveau nicio idee că soldaţii britanici erau sacrificaţi în numele unei întreprinderi private de miliarde de dolari, care nu avea nimic de-a face cu „Dumnezeu, Regina şi Ţara".

În această perioadă, lorzii războiului erau afiliaţi în mod vag sub conducerea lui Akbar Kahn, fiul lui Dost Mohammed.

În 1842, o forţă a armatei britanice sub comanda lui Sir George Pollock a venit din India şi a recucerit Kabulul. Sute de membri ai triburilor, despre care se credea că au luat parte la atacul care a costat atât de scump armata britanică, au fost executaţi sumar. Dorst Mohammed a fost repus pe tron de Sir George. El s-a apucat imediat să învingă facţiunile tribale ale opiului şi i-a pedepsit pe cei care preluaseră câmpurile de mac ale BEIC.

Datorită muncii sale „nobile", la 30 martie 1855, guvernul britanic a semnat Tratatul de la Peshawar cu Mohammed, permiţându-i astfel să controleze Kandahar şi Kabul, dar nu şi importantele câmpuri de cultivare a macului de opiu de la Herat, pe care persanii le confiscaseră de la BEIC. Chiar și așa, comerțul BEIC cu opiu brut produs în Afganistan a început să rivalizeze cu cel din Valea Gangelui și Benares.

Marea Britanie a declarat atunci război Persiei. Publicului britanic nevinovat i s-a spus că războiul era împotriva Persiei, care încerca să preia teritoriul colonial britanic. Până în 1857, persanii au fost învinși și au optat pentru pace printr-un tratat semnat la Paris, în care au recunoscut „independența" Afganistanului și au renunțat la pretențiile asupra Heratului. Marioneta britanică Dost Mohammed a fost trimisă să preia controlul asupra Heratului, dar rivalitățile tribale au menținut zona în haos în următorii cinci ani, Dost reușind să o aducă sub jurisdicția britanică abia în 1863. Dacă britanicii au învățat ceva despre Afganistan, acela a fost: să nu presupună niciodată că au o zonă sub control până când toate facțiunile nu sunt de acord între ele, iar asta putea dura o viață întreagă. Heratul a fost un bun exemplu. A fost nevoie de un asediu de zece luni pentru a slăbi strânsoarea unuia dintre membrii triburilor din regiune. Tocmai când credeau că au „pacificat" totul, Dost a murit în 1870, iar aproape imediat, Herat a fost aruncat în război civil când fratele lui Dost, un anume Sher Ali, a încercat să-și revendice dreptul la succesiune. Când nu a reușit să-i facă pe membrii triburilor să cadă de acord asupra a nimic, Ali a cerut ajutorul Rusiei, pierzându-și încrederea în britanici, iar în iunie 1878, o misiune rusă condusă de generalul Stolietov a sosit la Kabul. BEIC a tras imediat semnalul de alarmă și, încă o dată, părțile au intrat în război, deoarece Sher Ali a refuzat să accepte contraoferta misiunii britanice. Războiul a durat un an (1878-1879), timp în care Sher Ali a fost ucis. Profund îngrijorați că rușii ar putea opri comerțul lor profitabil cu opiu cu Afganistanul, forțele britanice au invadat întreaga zonă sub conducerea marionetei lor, Yakub, fiul lui Sher Ali. Forțele britanice s-au răspândit apoi și au ocupat întreaga ţară. În acel moment a fost semnat un tratat prin care britanicii urmau să plătească o „taxă de protecţie" de 75.000 de dolari anual, pentru a garanta trecerea nestingherită a caravanelor de opiu prin Trecătoarea Khyber, unde trupele britanice erau staţionate pentru a ajuta la aplicarea acordului.

Desigur, povestirile lui Rudyard Kipling nu menţionau nimic despre motivul pentru care convoaiele erau păzite de trupele Majestăţii Sale şi, fără îndoială, s-ar fi iscat un scandal de proporţii dacă adevărata misiune a trupelor ar fi fost dezvăluită.

Bucurându-se de ceea ce considerau un succes complet al misiunii lor la Kabul, forţele britanice au început să-şi relaxeze vigilenţa, întrucât nu mai existau raiduri asupra câmpurilor de mac şi nici atacuri asupra convoaielor care traversau Pasul Khyber. Dar în fundal se ascundea o trezire brutală pentru Londra. Pe 3 septembrie 1879, Sir Louis Cavagnari (un descendent al vechii nobilimi negre din Veneţia) a fost asasinat împreună cu escorta sa, iar ţara a fost din nou aruncată într-un alt război. Yakub, care a fost acuzat că a conspirat cu membrii triburilor rebele pe la spatele britanicilor, a fost înlăturat pe 19 octombrie 1879.

În 1880, când britanicii se pregăteau de război împotriva republicilor burilor din Africa de Sud pentru a jefui acea ţară de resursele sale masive de aur, a apărut pe scenă un nou lider afgan, un anume Abd-Ar-Rahman, nepotul lui Ali Sher Ali. Britanicii erau mulţumiţi de noul om, care a avut un mare succes în menţinerea păcii şi impunerea autorităţii sale asupra facţiunilor tribale mereu certăreţe.

În această perioadă de relativă stabilitate, o cantitate uriaşă de opiu brut de înaltă calitate a ieşit din ţară în depozitele BEIC. Se crede că în această perioadă (1880-1891), miliarde de lire au intrat în vistieria BEIC, suficient pentru a plăti de zece ori mai mult decât costul Războiului Anglo-Boer, care a izbucnit în 1899. A existat, de asemenea, o mare interferenţă din partea Rusiei, în încercarea de a-şi asigura un punct de sprijin în Afganistan şi de a crea o zonă tampon pentru graniţele sale. Rusia nu avea niciun interes în comerţul cu opiu; singura sa preocupare era să obţină o zonă tampon teritorială. În cele din urmă, după cinci ani de probleme grave cu Marea Britanie, cele două ţări au ajuns la un acord prin care Rusia a acceptat să nu se amestece în afacerile Afganistanului.

De-a lungul istoriei sale turbulente, Afganistanul a continuat să producă unele dintre cele mai înalte calităţi de opiu brut, foarte căutat de consumatorii occidentali, iar ruta principală prin care această marfă era transportată era prin Pakistan. Istoria opiului din Afganistan este, prin urmare, strâns legată de istoria comerţului cu opiu din Pakistan şi de rutele sale de tranzit către coastă şi mai departe către Orientul Mijlociu şi Europa de Vest.

La apogeul puterii sale, BEIC primea 4000 de tone de opiu în fiecare an din Afganistan. Valoarea estimată a acestei producţii uriaşe într-un singur an (1801) era de 500 de milioane de dolari, o avere uluitoare pentru acea vreme. Cea mai mare parte a opiului era transportată prin Trecătoarea Khyber în India (partea care astăzi se numeşte Pakistan) şi de acolo în jos, spre litoralul pustiu al Maccra, unde era preluată de corăbii arabe şi dusă la Dubai, pentru a fi plătită acolo cu aur. Banii de hârtie nu sunt niciodată acceptaţi în acest comerţ. Ca urmare a acestui comerţ, există nu mai puţin de 25 de bănci în Dubai care tranzacţionează aur, printre care British Bank of the Middle East este cea mai mare în comerțul cu aur pentru opiu. Musulmanii din Afganistan, spre deosebire de clasa muncitoare chineză, nu consumă opiu și, prin urmare, nu au devenit dependenți de acesta. Ei erau fericiți să cultive mac, să extragă seva de opiu, să o transforme în opiu brut și apoi să o vândă. Astfel, Afganistanul a scăpat de ravagiile teribilei epidemii de dependență de opiu care a cuprins în cele din urmă China. Atunci, ca și acum, cultivarea macului și colectarea prețioasei seve sunt ocupația dominantă a populației masculine din Afganistan.

Secretele sunt păstrate cu sfințenie și, atâta timp cât lucrurile rămân neschimbate, așa va fi până la sfârșitul timpurilor! Am văzut câmpuri de maci îngrijiți de la răsaduri până la plante înflorite – și apoi, când seva din păstăi a început să urce, cum erau tăiați cu lame de ras din care curgea și se întărea o rășină asemănătoare cauciucului. Am observat, de asemenea, că nu s-a făcut nicio încercare de a limita sau reduce cultivarea macului. Am depus eforturi considerabile pentru a oferi detalii despre ce fel de guvernare a fost impusă Afganistanului de către puterile străine, în speranța că cititorii vor înțelege că foarte puține lucruri s-au schimbat în anii care au trecut. Statele Unite cred că, prin invazia și bombardamentele lor, țara a fost supusă, dar în acest sens Statele Unite se înșală amarnic. Afganistanul este o țară a lorzilor războiului și a facțiunilor rivale, care încearcă toate să obțină o parte din opiu, o imagine a loialităților confuze și a rivalităților intense. Statele Unite și aliații săi nu vor putea niciodată să învingă acest lucru.

Talibanii — creați, înarmați și dirijați de Agenția Centrală de Informații (CIA) ca o forță de contracarare pentru a împiedica Rusia să preia controlul asupra țării — sunt acum inamicul! Când talibanii au ajuns la putere, au fost ridiculizaţi, batjocoriţi şi dispreţuiţi, dar s-au impus repede şi, după ce i-au învins pe ruşi, s-au întors împotriva binefăcătorilor lor americani, ordonând încetarea cultivării macului şi a exportului de opiu brut. Kilometri întregi de câmpuri de mac au fost arse împreună cu stocurile de opiu. Brusc, stăpânii comerţului cu droguri din City of London şi de pe Wall Street au văzut cum se profilează o pierdere uriaşă de venituri, iar situaţia trebuia schimbată radical.

Nu pot spune cu certitudine cum a avut loc atacul asupra World Trade Center, dar un lucru ştiu sigur: poporul american nu ar fi acceptat niciodată o invazie a Afganistanului de către forţele SUA dacă nu ar fi fost dezastrul d, din 11 septembrie 2001, aşa că este mai mult decât probabil ca istoria să dezvăluie tragedia de la 11 septembrie ca fiind o „situaţie fabricată". Spre consternarea băncilor din Dubai şi a comercianţilor de opiu din Statele Unite şi Marea Britanie, talibanii au eliminat pe lorzii războiului conduşi de clanul Barakzai, care furnizau opiu Occidentului şi dintre care majoritatea au fugit în Pakistan sau în zonele muntoase ale ţării. Comerţul cu opiu s-a oprit brusc. Talibanii au adoptat un decret potrivit căruia oricine cultiva mac sau făcea comerţ cu opiu urma să fie împuşcat. Şefii de război din industria opiului s-au împrăştiat împreună cu acoliţii lor criminali.

Acest lucru a declanşat alarma la Westminster şi New York. În Dubai, cele 90 de bănci care deserveau comerţul cu opiu au văzut ruina care le stătea în faţă. Trebuia făcut ceva, şi s-a făcut. Statele Unite au intrat în război împotriva Afganistanului, la fel ca britanicii, ruşii şi persanii înaintea lor. Scopul războiului, ni se spune, era „eradicarea talibanilor şi a teroriştilor lor din Al-Qaeda". O escadrilă uriaşă de bombardiere a zburat non-stop, iar puţinele clădiri rămase în picioare în Kandahar după războiul cu Rusia au fost reduse la mormane impresionante de moloz. Șoimii de război Rumsfeld, Wolfowitz, Cheney și Perle erau exultați. Acasă, ziarele din New York au trâmbițat știrea că SUA „câștigaseră” războiul din Afganistan. Poporul american nu bănuia că războiul abia începuse. Trupele americane vor trebui să rămână în Afganistan timp de zeci de ani, pentru a ține la distanță facțiunile de opiu și pentru a asigura fluxul neîntrerupt de opiu pe vechile rute comerciale. Înaltul comandament al armatei pakistaneze va beneficia enorm de pe urma cocainei care iese din Afganistan, așa cum a făcut-o întotdeauna. De aceea, Pervez Musharraf a fost ales drept principalul nostru „aliat în războiul împotriva terorismului”.

Odată cu dispariția talibanilor și revenirea clanului Barakzai la controlul d, comerțul cu opiu înflorește în Afganistan după căderea talibanilor și nu este clar dacă noul guvern va încerca să-l oprească sau măcar să-l limiteze. Îndrăznim să sugerăm că, sub dominația impusă de SUA, comerțul cu opiu nu numai că își va recăpăta producția din trecut, dar va crește de fapt cantitatea de opiu brut produs. În raportul său anual privind comerțul internațional cu droguri, Departamentul de Stat a afirmat că talibanii, alungați de la putere de armata SUA în 2005, au eliminat practic cultivarea macului de opiu în regiunile aflate sub controlul lor.

Producția totală de opiu a scăzut dramatic, de la aproximativ 3.656 de tone în 2000 la aproximativ 74 de tone în 2001, iar aproape toată producția se afla în părți ale Afganistanului controlate de Alianța Nordică, aliatul Washingtonului în războiul împotriva talibanilor. Iată, direct de la sursă: „războiul nostru împotriva drogurilor” este la fel de fals ca o bancnotă falsificată a Rezervei Federale. În timp ce talibanii distrugeau culturile și stocurile de opiu, CIA îi asigura pe „aliații" noștri – așa-numiții „lorzi ai războiului", o adunătură de gangsteri mizerabili și ucigași fără scrupule – să nu-și facă griji, că vor reveni curând la putere. Agenția Antidrog (DEA) nu a încercat să intervină și să zdrobească această bandă de paraziți, deși a avut o ocazie remarcabilă să o facă. În schimb, SUA i-au protejat pe traficanții de droguri. Afganistanul a fost, în mod tradițional, unul dintre principalii producători mondiali de opiacee, alături de India, care și-a recâștigat locul de lider în 2008 datorită interdicției impuse de talibani. Opiul este materia primă pentru opiaceele heroină și morfină, iar Afganistanul a fost principalul furnizor al acestor droguri către regiune, Europa de Vest și Statele Unite. Un raport american publicat recent a arătat că cultivarea pe scară largă a macului a fost reluată în Afganistan după prăbușirea talibanilor, iar traficanții de droguri au rămas activi în Afganistan, în ciuda prezenței masive pe teren a forțelor armate americane d. Deși autoritatea interimară de la Kabul, marioneta lui Cheney, Rumsfeld și Wolfowitz, Hamid Karzai (Barakzai), susținută de Statele Unite, a anunțat propria interdicție privind cultivarea opiului, interdicția abia s-a extins dincolo de capitală și nu a valorat nici cât hârtia pe care a fost scrisă. Dacă Karzai ar fi încercat să-și impună decretul, ar fi fost găsit într-o dimineață cu gâtul tăiat de la o ureche la alta. Traficanții săi de tip mafiot nu i-ar fi permis niciodată să rămână în viață pentru a le perturba afacerile lucrative.

Raportul spunea:

> Autoritatea nu dispune de mijloacele necesare pentru a aplica interdicția și trebuie să colaboreze cu centrele de putere locale și cu comunitatea donatorilor pentru ca interdicția să fie respectată. Rămâne incert dacă insistențele și chiar sprijinul financiar al comunității

> internaţionale vor fi suficiente pentru a elimina rapid cultivarea macului în Afganistan... În urma ostilităţilor, nu se ştie cu certitudine care facţiune deţine controlul în fiecare regiune. Este incert dacă facţiunile vor respecta interdicţia privind cultivarea macului emisă de Autoritatea Interimară.

Ce absurditate totală.

Ce ziceţi de aplicarea interdicţiei prin prezenţa unui număr mare de agenţi DEA susţinuţi de armata SUA? Ştim că controlorii noştri cred cu tărie că poporul american este cel mai credul din lume, dar să încerci să impui astfel de prostii oamenilor şi să crezi că vor fi crezute, depăşeşte orice explicaţie. Alianţa Nordică, care domină guvernul Karzai, nu pare să fi întreprins nicio acţiune împotriva drogurilor în părţile ţării pe care le controlează. De asemenea, au existat mai multe rapoarte ale ONU privind fermieri care cultivă o a doua recoltă de opiu în zonele din nordul Afganistanului controlate de Alianţa Nordică, continuă raportul.

Vă vine să credeţi ce tupeu au oamenii ăştia să se aştepte ca noi să credem o asemenea absurditate evidentă? „Nu pare?" Adevărul este că, chiar şi în timp ce talibanii făceau tot posibilul să eradice acest flagel, nu numai că Washingtonul ştia că „aliaţii" lor cultivau mac, dar chiar i-a asigurat că nimeni nu le va sta în calea comerţului lor, atâta timp cât erau „aliaţii" noştri în războiul împotriva talibanilor. Washingtonul a început apoi să-i înarmeze şi să-i antreneze pentru a merge la război împotriva întregului Afganistan, lăsând în acelaşi timp intact comerţul lor mortal şi distrugător. Acestea sunt adevăratele fapte din spatele războiului din Afganistan.

Statele Unite îşi pun oarecare speranţă în eforturile

regionale de a opri ieşirea opiaceelor afgane din ţară prin intermediul grupului „Şase plus doi”, care reuneşte Statele Unite, Rusia şi cei şase vecini imediaţi ai Afganistanului. Aceasta este o altă mascaradă. Nu se face nimic şi nu se va face niciodată nimic pentru a opri comerţul cu opiu afgan. Dacă ar exista un efort serios în această direcţie, liderul Pakistanului, generalul Pervez Musharraf, ar fi dat afară din funcţie. Jumătate din elita conducătoare a Pakistanului depinde în totalitate de taxele pe veniturile lucrative din opiu obţinute din traficul de opiu care trece prin Pakistan în drumul său spre Europa și Statele Unite. Între timp, traficul de narcotice în Helmand va continua, în ciuda eforturilor depuse de Autoritatea Interimară și de comunitatea internaţională, a adăugat raportul Departamentului de Stat. Nu există absolut nicio dovadă că conducătorii talibani din Afganistan au fost vreodată implicaţi în comerţul cu opiu, nu există dovezi că drogurile sunt o sursă majoră de finanţare pentru reţeaua Al-Qaeda a lui Osama bin Laden. Am cercetat toate înregistrările cunoscute și nu am găsit nicio astfel de dovadă. Respingem acuzaţiile Departamentului de Stat ca fiind pur și simplu propagandă. Dar oficialii au spus că reţeaua Al-Qaeda, cu sediul în Afganistan, beneficiază indirect de implicarea talibanilor în trafic şi sunt îngrijoraţi că aceasta ar putea dezvolta legături mai strânse cu traficanţii, pe măsură ce se află sub presiunea Statelor Unite în urma atacurilor teroriste din 11 septembrie. Unde este dovada? Acuzaţiile nu constituie dovezi și, până în prezent, nu a fost prezentată nicio dovadă. Ceea ce avem aici este propagandă menită să arunce îndoieli asupra credinţelor religioase ale talibanilor.

> „Ori de câte ori există o organizaţie teroristă care are nevoie de surse de finanţare şi care se află în aceeaşi zonă geografică cu organizaţiile de trafic de droguri care generează bani, atunci există, evident, potenţialul unei

> legături mai strânse între cele două",

a declarat Asa Hutchinson, fost șef al DEA, în fața subcomisiei pentru reformă guvernamentală a Camerei Reprezentanților, care se ocupă de justiție penală, politica în materie de droguri și resurse umane. Ei bine, răspunsul nostru este că numirea domnului Hutchinson a fost una politică, iar el știe foarte puțin sau chiar nimic despre traficul de droguri, având în vedere că și-a petrecut timpul în Camera Reprezentanților înainte de a-și pierde mandatul, din cauza rolului său în procedura de destituire a lui Clinton.

Oficialii americani au afirmat că traficul de opiu a constituit o sursă majoră de finanțare pentru talibani, miliția islamică de linie dură care guvernează cea mai mare parte a țării. Hutchinson și William Bach, oficial al Departamentului de Stat în domeniul combaterii narcoticelor, au declarat că gardienii talibani acceptau uneori opiu brut în loc de bani.

Această afirmație patetică vine direct din gura tâlharilor care alcătuiesc „Alianța Nordică", care nu pot spune adevărul pentru că, dacă ar face-o, și-ar pierde statutul favorabil de „ " față de Washington. Iată o altă „perlă":

> În anticiparea represaliilor militare ale SUA pentru atacurile teroriste, talibanii par să-și vândă stocurile. Prețurile opiului în regiune au scăzut brusc de la 746 de dolari pe kilogram la 95 de dolari imediat după atacuri. De atunci, prețul a revenit la 429 de dolari.

S-ar putea crede că, după ce ne-au spus că talibanii aveau nevoie de arme, cu greu și-ar fi „vândut" mijloacele cele mai directe de a le achiziționa! În orice caz, nu există nicio dovadă că talibanii ar fi făcut vreodată comerț cu opiu. Cei care ar fi putut fi tentați ar fi fost supuși unui proces sumar și execuției în conformitate cu codul lor religios. La sfârșitul anilor 1790, Afganistanul a devenit cel mai mare producător mondial de opiu, materia primă pentru heroină. La apogeu, acesta furniza peste 70% din veniturile BEIC, o distincție pe care țara a deținut-o pe parcursul ambelor războaie mondiale, până la sfârșitul anilor 1990.

Când au ajuns la putere, talibanii au ordonat încetarea cultivării opiului, invocând principii religioase. Observatorii internaționali au confirmat că producția fusese aproape eradicată în zonele controlate de talibani, puținul opiu rămas fiind cultivat pe terenuri deținute de așa-numita opoziție „Alianța Nordică", o bandă de ticăloși, traficanți de droguri și criminali aflați sub protecția fostului secretar al Apărării, Donald Rumsfeld.

Nu explică oare acest lucru o mulțime de lucruri care necesită o explicație? Și nu este prima dată când SUA s-au implicat direct în a închide ochii la comerțul cu droguri. Am văzut acest lucru în Vietnam, Liban, Mexic, Pakistan și acum, în Afganistan. Dar oficialii americani spun că interdicția a avut un efect redus asupra traficului, deoarece talibanii nu au eliminat stocurile masive de opiu d e din anii anteriori și nici nu au oprit traficanții. Care este adevărul? Departamentul de Stat și noul șef al DEA ne spun că talibanii și-au „vândut" stocurile masive de opiu, iar în același timp ar trebui să credem că talibanii nu au făcut așa ceva! Credeți-ne când vă spunem că nu ar fi fost nevoie să „vândă" stocurile. Baronii drogurilor din Pakistan – inclusiv cei din armată – ar fi cumpărat fiecare kilogram de opiu brut de la talibani la preț întreg.

Întreaga poveste este o prostie fără margini. Ce s-a întâmplat a fost că principalii actori ai comerțului se aflau cu toții într-o zonă „protejată" de Alianța Nordică, iar talibanii nu puteau intra acolo deoarece Donald Rumsfeld îi înarmase cu tancuri, artilerie și toate echipamentele unei armate moderne, din banii contribuabililor. Președintele subcomisiei, Mark Souder, republican din Indiana, a numit interdicția talibanilor

> „o manevră calculată cu sânge rece pentru a controla prețul pe piața mondială al opiului și heroinei lor".

Pare a fi un caz de orb care conduce orb! Souder sună mai rău decât Hutchinson. De ce nu spunem pur și simplu adevărul și lăsăm poporul american să decidă? De ce să spunem minciuni și să confundăm imaginea? „Oficialii americani au estimat că opiul ar putea aduce talibanilor până la 50 de milioane de dolari pe an", au spus Hutchinson și Bach. Al-Qaeda beneficiază indirect deoarece a fost protejată de talibani.

Dar Bach a spus că traficul de droguri „pur și simplu nu pare a fi resursa principală pentru Al-Qaeda", în timp ce Souder a remarcat că oficialii americani au acordat puțină atenție comerțului cu opiu din Afganistan, deoarece o mică parte din acesta a intrat în Statele Unite:

> Acum trebuie să ne confruntăm cu noua realitate că traficul de droguri afgan, care în mare parte nu a trecut granițele noastre, a dăunat țării noastre la fel de mult ca și drogurile provenite de la jumătate de lume distanță care au ajuns pe străzile americane.

Dacă americanul de rând poate înțelege aceste declarații contradictorii, atunci vom fi foarte surprinși. Dar, indiferent dacă putem înțelege sau nu, este, și repetăm, un discurs dublu nealterat. Vă rugăm încă o dată să luați în considerare următoarele:

- Ni se spune că talibanii au „aruncat” cea mai mare parte a stocurilor lor de opiu.
- Ni se spune că talibanii aveau nevoie de venituri provenite din opiu.
- Ni se spune că talibanii primeau 50 de milioane de dolari pe an din veniturile din opiu.
- Ni se spune că talibanii și-au „vândut” stocurile masive. A însemnat asta că s-au „vândut” 50 de milioane de dolari? De ce ar vrea cineva să „vândă” 50 de milioane de dolari?
- Ni se spune că, până în prezent, DEA a acordat puțină atenție principalului furnizor de opiu brut din lume. Are acest lucru sens? Dacă DEA nu a acordat atenție opiului care curgea din Afganistan, atunci DEA se face vinovată de neglijență în îndeplinirea îndatoririlor.
- Ni se spune că motivul pentru care DEA își neglijează îndatoririle este că foarte puțin din acel opiu ajunge în Statele Unite!

Puteți să-i credeți pe acești oameni? Probabil cred că poporul american este cel mai prost din lume. După atacurile din 11 septembrie din New York și Washington, Afganistanul a fost în centrul atenției mondiale. „Alianța împotriva terorismului” condusă de Statele Unite a bombardat Afganistanul, iar elemente ale Al-Qaeda au fugit din țară, iar cultivarea ilicită de opiu în Afganistan a devenit un element al războiului propagandistic. Comerțul cu heroină a fost menționat în repetate rânduri ca una dintre principalele surse de finanțare ale rețelelor lui Osama bin Laden. Dar, cumva, am fost induși să credem că bin Laden a scăpat și rămâne în libertate în Afganistan, continuând să coordoneze actele de terorism împotriva Occidentului. În opinia noastră, acest lucru trebuie tratat cu mult scepticism.

> „Armele pe care talibanii le cumpără astăzi sunt plătite cu viețile tinerilor britanici care își cumpără droguri pe străzile britanice. Aceasta este o altă parte a regimului lor pe care ar trebui să încercăm să o distrugem”,

a declarat fostul prim-ministru britanic Tony Blair. Declarația sa este un exemplu de denaturare a situației reale în ceea ce privește economia opiului din Afganistan. De fapt, aliatul domnului Blair în Afganistan, „Alianța Nordică”, este cel care profită din ce în ce mai mult de economia criminală a opiului. Nu s-a prezentat nicio dovadă că talibanii ar face comerț cu opiu.

Când fostul prim-ministru Blair avea armata britanică în Afganistan, a existat suficient timp pentru a eradica câmpurile de mac și pentru a desfășura misiuni de căutare și distrugere a stocurilor de opiu brut. De ce nu a ordonat domnul Blair trupelor sale să întreprindă aceste acțiuni? A fost o ocazie excelentă de a efectua o operațiune coordonată pe întreg teritoriul, de a-i scoate din afaceri pe cultivatorii de mac, de a-i aresta pe traficanți și de a le distruge stocurile. Mijloacele și banii necesari pentru a întreprinde o astfel de operațiune existau, dar nu, se pare că domnul Blair a considerat că vorbele sale erau mai puternice decât faptele sale. Aceasta este cunoscută drept „propagandă” de tipul „ ”. Blair trebuie să știe ce au spus Souder și Hutchinson. Se pare că nu sunt deranjați de moartea tinerilor britanici dependenți de heroină, deoarece aceasta nu afectează America! Credeți aceste lucruri pe riscul de a vă pierde nivelul de IQ. Când talibanii au preluat puterea la Kabul în 1996, ei au moștenit pur și simplu o situație care transformase Afganistanul, încă de la sfârșitul secolelor [al]

XVIII-leaşi al XIX-lea,în cel mai mare producător de opiu din lume. Între 1994 şi 1998, producţia de opiu a totalizat între 2.000 şi 3.000 de tone metrice de materie primă pe an. Majoritatea acesteia a fost transportată prin India (mai târziu Pakistan), iniţial păzită de cei mai buni soldaţi pe care armata britanică îi putea mobiliza şi imortalizată în poveştile de eroism ţesute de Rudyard Kipling. Ulterior, generalii armatei pakistaneze au fost cei care au păzit veniturile lucrative pe care le asigura acest comerţ. Odată ce schimbul de opiu contra aur avea loc în Dubai, opiul brut era rafinat în heroină şi morfină în Turcia şi Franţa. Doar o fracţiune foarte mică din opiu era procesată în interiorul Afganistanului. Toate recordurile anterioare au fost doborâte în 1999 şi 2000, când producţia de opiu din Afganistan a atins 4.500 de tone.

Administraţia Bush ar vrea să ne facă să credem că, pe 27 iulie 2000, „... după mulţi ani de presiune internaţională, liderul taliban Mullah Omar a emis o interdicţie totală asupra plantării de opiu pentru sezonul următor”. Nu este aşa. Talibanii au interzis cultivarea macului de opiu şi producţia de opiu brut imediat după preluarea puterii. Presiunea mondială nu a avut nimic de-a face cu asta.

Dacă „presiunea internaţională” a fost motivul pentru care talibanii au interzis comerţul, de ce „presiunea internaţională” nu a avut niciun efect înainte de venirea talibanilor? Cultivarea a scăzut în teritoriile controlate de talibani, în timp ce a înflorit în zonele aflate sub controlul „Alianţei Nordice”. Avansul rapid al forţelor americane î, datorat campaniei masive de bombardamente a Statelor Unite în războiul împotriva reţelei lui Bin Laden şi preluarea controlului asupra Kabulului de către gangsterii „Alianţei Nordice”, nu a pus în niciun caz capăt economiei opiului. Dimpotrivă, s-a întâmplat exact opusul; a avut loc o renaştere a economiei opiului, deşi SUA şi aliatul său britanic controlau acum toate zonele majore de cultivare a macului. Afganistanul a devenit centrul atenţiei Programului Internaţional de Control al Drogurilor al Naţiunilor Unite (UNDCP) încă de când a devenit clar că ţara dobândise statutul de cea mai mare sursă de opiu din lume, iar acest lucru s-a întâmplat cu douăzeci de ani înainte ca talibanii să intre în scenă. Proiectele UNDCP menite să oprească fluxul de opiu ilicit din Afganistan nu au avut un impact măsurabil. În aşa-numitul „război împotriva opiului" din Afganistan, principalele zone de cultivare se aflau sub controlul aşa-numitei „Alianţe Nordice", un nume inventat de Rumsfeld pentru a ascunde adevărata sa compoziţie de bandiţi şi huligani.

Din 1994, Studiul anual privind macul de opiu al Programului de monitorizare a culturilor al UNDCP este cea mai fiabilă sursă de date privind cultivarea macului şi potenţialul de producţie de opiu. Cel mai recent, publicat în octombrie 2008, a confirmat în detaliu scăderea dramatică a cultivării macului de opiu, adică după ce talibanii au preluat controlul. Înainte de aceasta, „presiunea mondială" nu avusese niciun impact asupra baronilor opiului, care urmau să fie înrolaţi mai târziu în aşa-numita „Alianţă Nordică" a lui Rumsfeld.

Pentru a înţelege complexitatea economiei afgane a opiului, Seria de studii strategice a UNDCP este destul de utilă, deşi nu oferă detalii despre cei care controlează din culise. Acesta documentează extinderea câmpurilor de mac în Afganistan şi motivele din spatele acesteia; rolul opiului ca sursă de credit şi în strategiile de subzistenţă ale micilor fermieri şi ale refugiaţilor de război d ; rolul femeilor în economia opiului şi dinamica rurală din spatele comerţului ilicit, care a adus miliarde de lire sterline pentru BEIC şi care încă aduce o avere substanțială celor implicați în distribuția opiului, precum generalii armatei pakistaneze. Ultimul număr al Publicației Programului Consiliului ONU pentru Droguri (UNDCP) „Tendințe globale privind drogurile ilicite" (2008), sub supravegherea lui Sandeep Chawla, șeful Secției de Cercetare a UNDCP, conține o secțiune specială dedicată Afganistanului, cu o prezentare generală destul de utilă, dar limitată, a tendințelor economiei opiului încă din primele zile, explicând cum a devenit Afganistanul cel mai mare furnizor de opiu din lume.

În cartea mea, „*Comitetul celor 300*", am prezentat o descriere detaliată a modului în care acest grup gigant a reușit să câștige atât de mulți bani din mizeria comerțului cu opiu impus poporului chinez de către guvernul Marii Britanii. Cartea oferă o descriere detaliată a istoriei comerțului josnic cu opiu și a traficului de heroină din zonă, inclusiv a tranzacțiilor sancționate de CIA și de agenția de informații pakistaneză ISI în timpul jihadului împotriva ocupației sovietice din anii 1980. Există numeroase rapoarte ale „establishmentului" privind economia afgană criminalizată, dedicate în mare parte explicării tendințelor de contrabandă din ultimele două decenii, înainte și după 1989, care încearcă să dea impresia că comerțul cu opiu este un fenomen relativ nou.

Majoritatea menționează perioada 1987-1989 ca „data de început" a comerțului cu opiu și a activităților ilegale conexe, în timp ce documentele găsite la British Museum și la India House arată că traficul ilicit de heroină și morfină a început odată cu sosirea britanicilor în Afganistan. India (ulterior Pakistanul) a fost profund implicată în acest comerț criminal, care a început sub dominația britanică în 1868 și continuă până în prezent. Următorul citat este un exemplu al caracterului timid al relatărilor mass-media mainstream:

> Afganistanul nu numai că a devenit cel mai mare producător de opiu din lume şi un centru de trafic de arme, dar susţine şi un comerţ de miliarde de dolari cu mărfuri contrabandate din Dubai în Pakistan. Această economie criminalizată finanţează atât talibanii, cât şi adversarii lor. Ea a transformat relaţiile şi a slăbit statele şi economiile legale din întreaga regiune. O pace durabilă — va necesita nu doar încetarea luptelor şi un acord politic, ci şi o transformare economică regională care să ofere forme alternative de trai şi să promoveze responsabilitatea.

La prima vedere, totul în raport este anemic şi nu identifică pe nimeni. Dar obiectivele sale par a fi posibile, deşi, în realitate, opiul a dominat Afganistanul şi Pakistanul (acea parte care a fost odinioară India) încă din 1625 şi nimic nu va schimba acest lucru. Şi iată finalul poveştii: nimic nu va fi făcut de SUA şi de aşa-numiţii „parteneri ai Alianţei Nordice" pentru a pune capăt comerţului profitabil de care depind nu mai puţin de 23 de bănci britanice din Dubai pentru profituri şi pentru însăşi existenţa lor, şi de la aceste bănci, profitul este canalizat către băncile din City of London. Cât de naiv este să crezi că aceste super-bănci vor permite cuiva să se amestece în maşina lor de făcut bani.

Documentele Companiei Britanice a Indiilor de Est de la India House din Londra (înainte de a fi distruse în mod misterios) ofereau informaţii unice despre comerţul cu opiu din Afganistan şi detaliau rutele de trafic nordice din Afganistan, prin Pakistan şi până la Dubai. Acesta nu a fost niciodată considerat un „comerţ criminal" în perioada BEIC. Singura „activitate criminală" consemnată în aceste documente se referea la bandiţii care încercau să jefuiască convoaiele de transport al opiului care treceau prin Trecătoarea Khyber, unde erau respinși de cei mai buni soldați ai Armatei Britanice d. Cifrele SUA privind Afganistanul au fost inexacte și puternic politizate în ultimii douăzeci de ani. Interesant este că, în aceste declarații recente, pentru prima dată DEA folosește aproape exclusiv cifrele UNDCP, pe care le considera extrem de supraestimate, cel puțin până acum câțiva ani.

Ne întrebăm de ce? În prezent, este oportun din punct de vedere politic să se invoce statistici ca parte a strategiei Statelor Unite de a discredita talibanii și de a contopi „războiul împotriva terorismului" cu „războiul împotriva drogurilor". Cu toate acestea, în realitate, niciunul dintre ele nu există; însă această mascaradă trebuie menținută pentru a oferi o justificare pentru „legi" draconice, complet neconstituționale, care încalcă în mod flagrant Declarația Drepturilor. De aceea nu-l putem găsi pe Bin Laden. Dacă l-am găsi, brusc, nu ar mai exista talibani și niciun motiv pentru ca „războiul împotriva terorismului" să continue. În Afganistan, odată cu dispariția talibanilor, perioada recoltei nu mai reprezintă un eveniment pentru cultivatorii de opiu din Afganistan și Pakistan, o regiune care rivalizează acum cu Asia de Sud-Est ca cea mai mare sursă mondială de heroină, drogul derivat din plantele de mac.

Administrația G.W. Bush a optat să nu distrugă recolta de opiu din Afganistan. Destul de ciudat, președintele Bush, care anterior legase comerțul cu droguri din Afganistan direct de terorism, a decis brusc să nu distrugă recolta de opiu din Afganistan. Un oficial al serviciilor de informații americane care s-a întors din Afganistan a raportat acest lucru unei reviste de știri europene. Sursa, care a cerut să nu fie identificată, a menționat că câmpurile de mac sunt înflorite și gata de recoltare. Forțele americane ar putea distruge culturile folosind tehnici de pulverizare aeriană, dar nu este planificată nicio astfel de acțiune. Nu există aruncătoare de flăcări îndreptate împotriva mugurilor de mac în curs de coacere, nici semne că trupele ar smulge plantele și le-ar arde. De fapt, în câmpurile de mac, totul este liniștit, deoarece fermierii știu că nimeni nu îi va deranja. Nici nu le pasă de „terorismul" d, din țări îndepărtate, dar unii agenți de informații sunt profund îngrijorați de interdicția SUA de a distruge câmpurile de mac.

Raportul ONU din ianuarie 2002 privind traficul de droguri afirma:

> Dacă cele aproximativ 3.000 de tone de opiu ajung pe piață, acest lucru va duce la o nouă intensificare a terorismului internațional și la o mare pierdere de credibilitate internațională pentru administrația Bush și pentru capacitatea Statelor Unite de a duce război în secolul[XXI]. Dușmanii Americii din întreaga lume, de la China la Coreea de Nord și Iran, vor fi încurajați de această lipsă de viziune strategică și de voință politică. SUA și toți aliații săi au semnat un acord privind interzicerea la nivel mondial a vânzărilor de opiu. În ianuarie 2002, ONU a publicat un raport privind producția de opiu din Afganistan, subliniind că forțele aliate trebuiau să acționeze rapid pentru a distruge culturile de mac din 2002 înainte de sfârșitul primăverii. Forțele americane și britanice nu au întreprins nicio acțiune în acest sens.

Importanța globală a interdicției privind cultivarea și traficul de mac în Afganistan este enormă. Afganistanul a fost principala sursă de opiu ilicit: 70% din producția globală de opiu ilicit în 2000 și până la 90% din heroina de pe piețele europene de droguri proveneau din Afganistan. Există indicii fiabile că cultivarea macului de opiu a fost reluată din octombrie 2001 în unele zone (cum ar fi provinciile sudice Uruzgan, Helmand, Nangarhar și Kandahar), după punerea în aplicare efectivă a interdicției talibanilor privind cultivarea în 2001, nu numai din cauza prăbușirii legii și ordinii, ci și pentru că fermierii sunt disperați să găsească un mijloc de supraviețuire în urma secetei prelungite.

Surse din serviciile de informații afirmă că CIA se opune distrugerii culturilor de mac din Afganistan, deoarece o astfel de măsură ar duce la răsturnarea guvernului pakistanez. Potrivit acestor surse, serviciile de informații pakistaneze au amenințat că îl vor răsturna pe președintele Musharraf în cazul în care acesta ar ordona distrugerea culturilor. Istoria Pakistanului ne face să credem că aceasta nu este o amenințare în van. Fostul președinte pakistanez A.H. Bhutto a fost spânzurat în urma unui proces pentru că a încercat să pună capăt comerțului, iar succesorul său, generalul Zia ul Haq, a murit într-un accident de avion foarte misterios după ce a deturnat bani de la vârf, bani care erau destinați băncilor din City of London. Amenințarea de a-l răsturna pe Musharraf este motivată în parte de grupurile radicale islamice legate de serviciul de informații pakistanez, Inter-Services Intelligence (ISI). Se pare că grupurile radicale își obțin finanțarea principală prin producția și comerțul cu opiu. Conducerea armatei pakistaneze este profund implicată în protejarea tranzitului de opiu prin țara lor – așa cum a fost întotdeauna – și nu ar tolera nicio întrerupere a comerțului. Serviciul de informații pakistanez este complet corupt și neserios, ca să nu mai vorbim de instabilitate și lipsă de loialitate. Se vor alătura celui care oferă cel mai mult, la naiba cu principiile religioase. CIA colaborează cu ei de mulți ani și este puțin probabil să-și schimbe cursul. Așa cum a concluzionat cu amărăciune Bhutto:

> Dacă ei [CIA] se opun de fapt distrugerii comerțului cu opiu din Afganistan, acest lucru nu va face decât să perpetueze convingerea că CIA este o agenție lipsită de morală; care urmează propriul program, mai degrabă decât cel al guvernului nostru ales constituțional. Dacă nu profităm de această ocazie pentru a distruge producția de opiu din Afganistan, suntem mai răi decât talibanii, care au oprit-o în ciuda afirmațiilor contrare.

Decizia CIA de a nu opri producția de opiu din Afganistan a fost aprobată de Comitetul celor 300, șeful lor suprem. Potrivit surselor de informații, atât guvernul britanic, cât și cel francez și-au dat în tăcere aprobarea pentru politica americană. CIA are o istorie de susținere a traficului internațional de droguri și a acționat aproape identic în timpul războiului din Vietnam, ceea ce a avut consecințe catastrofale — o creștere semnificativă a comerțului cu heroină în SUA începând cu anii 1970 a fost direct atribuibilă CIA. Celebrul interviu acordat de Chou En Lai ziarului egiptean Al Ahram susține afirmația că CIA a fost complice la comerțul global cu droguri de ani de zile. Acesta este modul în care Comitetul celor 300 dorește ca lucrurile să decurgă și, potrivit surselor din serviciile de informații, o simplă subvenție de 2.000 de dolari pe an, nu mai mult de 20 de milioane de dolari în total, plătită direct fermierilor afgani, ar opri toată producția de opiu. Războiul SUA din Afganistan a costat deja aproximativ 40 de miliarde de dolari, fără ca niciun cent să fie cheltuit pentru eradicarea câmpurilor de mac și pentru interzicerea fluxului de opiu brut către Pakistan. (Cifre din 2009, Departamentul de Stat al SUA.)

Acum că știm că milioanele de dolari irosite pe campaniile publicitare americane care leagă vânzările ilegale de droguri de terorism au fost înșelătoare, și acum că știm că administrația Bush a protejat producția de opiu din Afganistan, începem să ne facem o idee clară despre cât de greșit este războiul din Afganistan și de ce SUA au ales Pakistanul să fie „principalul nostru aliat în lupta împotriva terorismului". Oprirea producției de opiu în Afganistan nu ar costa nici măcar o zecime din milioanele de dolari cheltuite pe publicitatea TV despre „războiul nostru împotriva terorismului – războiul împotriva drogurilor", dar ciudata lipsă de acțiune în Afganistan împotriva traficului de droguri din partea lui Rumsfeld, „șoimul războiului", și a administrației Bush în general, arată cât de ipocrit și defectuos este așa-numitul „război împotriva terorismului". De fiecare dată când vedeți un comentator precum Bill O'Reilly anunțând un alt succes în confiscarea banilor teroriștilor, amintiți-vă că acesta nu este decât o picătură în ocean în comparație cu, cu miliardele de dolari care curg în vistieriile băncilor Comitetului celor 300 din Dubai, și știți că nu va face nici cea mai mică diferență în fluxul de bani ilegali din opiul afgan către băncile din City of London și băncile offshore, ca să nu mai vorbim de fluxul de heroină către America. Războiul din Afganistan nu este câștigat. Trupele noastre nu se vor întoarce niciodată acasă. Comerțul cu opiu trebuie păzit.

Oficiul Națiunilor Unite pentru Droguri și Criminalitate (UNODC) a publicat Studiul de evaluare rapidă privind cultivarea macului de opiu în Afganistan. Guvernul federal de la Washington DC a publicat, de asemenea, raportul său anual intitulat „Factorii determinanți ai cultivării opiului". Ca răspuns, ministrul britanic de externe, Kim Howells, a declarat:

> Guvernul britanic dorește să reducă cantitatea de heroină care ajunge pe străzile noastre din Afganistan. Amploarea comerțului cu droguri în Afganistan este enormă, iar

> strategia de eradicare a acestui comerţ va dura mult timp — nu există soluţii rapide. Cultivarea opiului în Afganistan va fluctua ca volum, aşa cum s-a întâmplat şi în trecutul recent.

Un sondaj al ONU din 2008 a oferit o indicaţie foarte timpurie a nivelurilor posibile de cultivare din acest an. În comparaţie cu rezultatele bune de anul trecut, care au arătat o scădere a producţiei, acest raport indică niveluri stabile de cultivare în majoritatea celor 31 de provincii ale Afganistanului, o creştere a cultivării în 13 provincii şi o scădere a cultivării în trei provincii. Dar, aşa cum arată clar raportul independent realizat pentru Ministerul Afacerilor Externe, este înşelător să ne concentrăm doar pe cifrele principale, deoarece imaginea de ansamblu este mai complexă. Există o diversitate considerabilă în ceea ce priveşte cultivarea şi factorii care influenţează fermierii din întreaga ţară.

Studiul nu a evaluat niciodată progresele înregistrate în punerea în aplicare a campaniei de eradicare, ci a menţionat doar că eradicarea va fi mai bine organizată în 2009 şi, prin urmare, se preconizează că va avea mai mult succes decât în 2008. Creşterea actuală a cultivării de mac nu înseamnă că nu se înregistrează progrese în combaterea comerţului. Eradicarea este doar o parte a strategiei globale afgane şi internaţionale de combatere a cultivării de mac: se efectuează confiscări importante, poliţia afgană este instruită, se creează mijloace de subzistenţă alternative şi se construiesc instituţii de combatere a narcoticelor. De la invazia Afganistanului condusă de SUA în octombrie 2001, comerţul cu opiu din Semiluna de Aur a crescut vertiginos. Potrivit mass-media americane, acest contrabandă profitabilă este protejată de talibani, fără a mai menţiona, desigur, pe lorzii războiului regionali, sfidând „comunitatea internațională”. Se spune că afacerea cu heroină „umple visteria talibanilor”. În cuvintele Departamentului de Stat al SUA:

> Opiul este o sursă de literalmente miliarde de dolari pentru grupurile extremiste și criminale... Reducerea ofertei de opiu este esențială pentru stabilirea unei democrații sigure și stabile, precum și pentru câștigarea războiului global împotriva terorismului.
>
> Declarația secretarului de stat adjunct Robert Charles, audiere în Congres, 1 aprilie 2004.

Potrivit Oficiului Națiunilor Unite pentru Droguri și Criminalitate (UNODC), producția de opiu din Afganistan în 2008 a fost estimată la 6.000 de tone, cu o suprafață cultivată estimată la aproximativ 80.000 de hectare. Pentru 2008 se prevede o recoltă record și mai mare. Departamentul de Stat sugerează că în 2008 erau cultivate până la 120.000 de hectare. Am putea fi pe cale să asistăm la o creștere semnificativă. Unii observatori indică o creștere de poate chiar 50% până la 100% a recoltei din 2008 față de cifrele deja îngrijorătoare de anul trecut. Ca răspuns la creșterea producției de opiu d, după căderea regimului taliban, administrația Bush și-a intensificat activitățile de combatere a terorismului, alocând în același timp sume substanțiale de bani publici inițiativei Administrației pentru Combaterea Drogurilor (DEA) în Asia de Vest, denumită „Operațiunea Conținere”. Diversele rapoarte și declarații oficiale sunt, desigur, amestecate cu obișnuita autocritică „echilibrată” conform căreia „comunitatea internațională nu face suficient” și că ceea ce avem nevoie este „transparență”. Declarații în numele directorului executiv al UNODC la Adunarea Generală a ONU, octombrie 2001:

> Titlurile sunt „Drogurile, lorzii războiului și nesiguranța umbresc drumul Afganistanului către democrație". În cor, mass-media americană acuză defunctul „regim islamic de linie dură", fără a recunoaște măcar că talibanii – în colaborare cu Națiunile Unite – impuseseră cu succes o interdicție asupra cultivării macului în 2000. Producția de opiu a scăzut cu peste 90% în 2001.

De fapt, creșterea producției de opiu a coincis cu ofensivei operațiunii militare conduse de SUA și cu căderea regimului taliban. Din octombrie până în decembrie 2001, fermierii au început să replanteze mac pe scară largă. Succesul programului de eradicare a drogurilor din Afganistan din 2000, sub conducerea talibanilor, a fost recunoscut la sesiunea din octombrie 2001 a Adunării Generale a ONU (care a avut loc la doar câteva zile după începerea raidurilor aeriene din 2001). Niciun alt stat membru al UNODC nu a reușit să pună în aplicare un program comparabil:

> Revenind mai întâi la controlul drogurilor, mă așteptam să îmi concentrez observațiile asupra implicațiilor interdicției impuse de talibani asupra cultivării macului de opiu în zonele aflate sub controlul lor...

Avem acum rezultatele anchetei noastre anuale pe teren privind cultivarea macului în Afganistan. Producția din acest an (2001) este de aproximativ 185 de tone. Aceasta reprezintă o scădere față de cele 3300 de tone de anul trecut (2000), o scădere de peste 94%. Comparativ cu recolta record de 4700 de tone de acum doi ani, scăderea este de peste 97%. Orice scădere a cultivării ilicite este binevenită, mai ales în cazuri ca acesta, când nu a avut loc nicio deplasare, local sau în alte țări, care să slăbească realizarea.

În urma invaziei SUA, a avut loc o schimbare de retorică. UNODC acționează acum ca și cum interdicția privind opiul din 2000 nu ar fi existat niciodată:

> ... Lupta împotriva cultivării de narcotice a fost dusă și câștigată în alte țări și este posibil să se facă acest lucru și aici (în Afganistan), cu o guvernare puternică și democratică, asistență internațională și o securitate și integritate îmbunătățite.

Declarația reprezentantului UNODC în Afganistan la Conferința internațională privind combaterea narcoticelor din februarie 2004.

De fapt, atât Washingtonul, cât și UNODC susțin acum că obiectivul talibanilor în 2000 nu a fost de fapt „eradicarea drogurilor", ci un plan viclean de a declanșa „o penurie artificială a ofertei", care ar fi dus la creșterea prețurilor mondiale ale heroinei. În mod ironic, această logică strâmbă, care face acum parte dintr-un nou „consens al ONU", este infirmată de un raport al biroului UNODC din Pakistan, care a confirmat, la momentul respectiv, că nu existau dovezi privind constituirea de stocuri de către talibani.

Desert News, Salt Lake City, Utah, 5 octombrie 2003.

În urma bombardamentelor americane din 2001 asupra Afganistanului, guvernul britanic al lui Tony Blair a fost însărcinat de Grupul G-8 al principalelor națiuni industrializate să desfășoare un program de eradicare a drogurilor, care, în teorie, ar permite fermierilor afgani să renunțe la cultivarea macului în favoarea unor culturi alternative. Britanicii lucrau din Kabul în strânsă colaborare cu „Operațiunea Containment" a DEA din SUA.

Programul de eradicare a culturilor sponsorizat de Marea Britanie este o cortină de fum evidentă. Din octombrie 2001, cultivarea macului de opiu a crescut vertiginos. Unul dintre obiectivele „ascunse" ale războiului a fost tocmai restabilirea comerțului cu droguri sponsorizat de CIA la nivelurile sale istorice și exercitarea unui control direct asupra rutelor de trafic de droguri. Imediat după invazia din octombrie 2001, piețele de opiu au fost restabilite. Prețurile opiului au crescut vertiginos. La începutul anului 2009, prețul opiului (în dolari/kg) era de aproape 15 ori mai mare decât în 2000. În 2001, sub talibani, producția de opiacee se ridica la 185 de tone, crescând la 3400 de tone în 2002 sub regimul marionetă al președintelui Hamid Karzai, sponsorizat de SUA. În timp ce subliniau lupta patriotică a lui Karzai împotriva talibanilor, mass-media a omis să menționeze că Karzai colaborase de fapt cu talibanii. El fusese, de asemenea, pe statul de plată al unei mari companii petroliere americane, UNOCAL. De fapt, încă de la mijlocul anilor 1990, Hamid Karzai acționase ca consultant și lobbyist pentru UNOCAL în negocierile cu talibanii. Potrivit ziarului saudit *Al-Watan*:

> Karzai a fost agent secret al Agenției Centrale de Informații încă din anii 1980, canalizând ajutorul american către talibani începând din 1994, când americanii au susținut în secret și prin intermediul pakistanezilor (mai precis al ISI) preluarea puterii de către talibani.

Merită să ne reamintim istoria comerțului cu droguri din Semiluna de Aur, care este strâns legată de operațiunile secrete ale CIA în regiune încă de la izbucnirea războiului sovieto-afgan și în perioada de după acesta. Înainte de războiul sovieto-afgan (1979-1989), producția de opiu din Afganistan și Pakistan era destinată piețelor regionale mici. Nu exista producție locală de heroină. Economia afgană a narcoticelor era un proiect atent conceput de CIA, susţinut de politica externă a SUA. Aşa cum s-a dezvăluit în scandalurile Iran-Contra şi Bank of Commerce and Credit International (BCCI), operaţiunile secrete ale CIA în sprijinul mujahedinilor afgani fuseseră finanţate prin spălarea banilor proveniţi din droguri. „Banii murdari" erau reciclaţi prin intermediul mai multor instituţii bancare (din Orientul Mijlociu), precum şi prin intermediul unor companii fantomă anonime ale CIA, transformându-se în „bani secreţi", folosiţi pentru a finanţa diverse grupuri insurgente în timpul războiului sovieto-afgan şi în perioada de după acesta. Deoarece SUA doreau să aprovizioneze rebelii mujahedini din Afganistan cu rachete antiaeriene Stinger şi alte echipamente militare, aveau nevoie de cooperarea deplină a Pakistanului. La mijlocul anilor 1980, operaţiunea CIA din Islamabad era una dintre cele mai mari staţii de informaţii americane din lume.

> „Dacă BCCI reprezintă o astfel de ruşine pentru SUA încât nu se desfăşoară investigaţii directe, acest lucru are mult de-a face cu faptul că SUA a închis ochii la traficul de heroină din Pakistan", a declarat un ofiţer de informaţii american.

Studiul cercetătorului Alfred McCoy confirmă faptul că, în decurs de doi ani de la declanşarea operaţiunii secrete a CIA în Afganistan, în 1979, zona de frontieră dintre Pakistan şi Afganistan a devenit cel mai mare producător mondial de heroină, acoperind 60% din cererea din Statele Unite. În Pakistan, populaţia dependentă de heroină a crescut de la aproape zero în 1979 la 1,2 milioane în 1985, o creştere mult mai abruptă decât în orice altă ţară d. Agenţii CIA controlau din nou acest comerţ cu heroină. Pe măsură ce gherilele mujahedine cucereau teritorii în Afganistan, le ordonau ţăranilor să cultive opiu ca o taxă revoluţionară.

Peste graniță, în Pakistan, liderii afgani și sindicatele locale, sub protecția serviciilor secrete pakistaneze, operau sute de laboratoare de heroină. În timpul acestui deceniu de trafic de droguri la scară largă, Agenția Antidrog a SUA din Islamabad nu a reușit să inițieze nici măcar o singură confiscare sau arestare majoră.

Oficialii americani au refuzat să investigheze acuzațiile de trafic de heroină aduse aliaților lor afgani, deoarece politica americană privind narcoticele în Afganistan a fost subordonată priorităților războiului împotriva influenței sovietice din această țară. În 1995, fostul director al operațiunii CIA din Afganistan, Charles Cogan, a recunoscut că CIA a sacrificat într-adevăr războiul împotriva drogurilor pentru a lupta în Războiul Rece:

> Misiunea noastră principală era să le provocăm sovieticilor cât mai multe pagube. Nu aveam resursele sau timpul necesar pentru a ne dedica unei anchete privind traficul de droguri.
>
> Nu cred că trebuie să ne cerem scuze pentru asta. Fiecare situație are consecințele sale. Au existat consecințe în ceea ce privește drogurile, da. Dar obiectivul principal a fost atins. Sovieticii au părăsit Afganistanul.

Rolul CIA, care este amplu documentat, nu este menționat în publicațiile oficiale ale UNODC, care se concentrează pe factori sociali și politici interni. Inutil să spunem că rădăcinile istorice ale comerțului cu opiu au fost grav distorsionate. Potrivit UNODC, producția de opiu din Afganistan a crescut de peste 15 ori din 1979. În urma războiului sovieto-afgan, creșterea economiei narcoticelor a continuat neabătut. Talibanii, susținuți de SUA d, au jucat inițial un rol esențial în creșterea în continuare a producției de opiacee până la interdicția opiului din 2000. Această reciclare a banilor proveniți din droguri a fost utilizată pentru a finanța insurgențele de după Războiul Rece din Asia Centrală și Balcani, inclusiv Al-Qaeda. Pentru detalii, a se vedea Michel Chossudovsky, War and Globalization, The Truth behind September 11, Global Outlook, 2002.

Narcoticele: pe locul al doilea după petrol și comerțul cu arme

Veniturile generate de comerțul cu droguri din Afganistan, sponsorizat de CIA, sunt considerabile. Comerțul afgan cu opiacee constituie o mare parte din cifra de afaceri anuală mondială a narcoticelor, care a fost estimată de Națiunile Unite la aproximativ 400-500 de miliarde de dolari. La momentul la care aceste cifre ale ONU au fost publicate pentru prima dată (1994), comerțul global (estimat) cu droguri era de aceeași mărime ca și comerțul global cu petrol.

FMI a estimat că spălarea de bani la nivel global se situează între 590 de miliarde și 1,5 trilioane de dolari pe an, reprezentând 2-5% din PIB-ul global. (*Asian Banker*, 15 august 2003.) O mare parte din spălarea de bani la nivel global, conform estimărilor FMI, este legată de comerțul cu narcotice. Pe baza cifrelor din 2003, traficul de droguri constituie „a treia cea mai mare marfă globală în termeni de numerar, după petrol și comerțul cu arme". *The Independent*, 29 februarie 2004.

Mai mult, cifrele de mai sus, inclusiv cele privind spălarea de bani, confirmă faptul că cea mai mare parte a veniturilor asociate comerțului global cu narcotice nu este însușită de grupuri teroriste și de lorzi ai războiului, așa cum sugerează raportul UNODC. În spatele narcoticelor se află interese comerciale și financiare puternice. Din acest punct de vedere, controlul militar geopolitic și asupra rutelor de trafic de droguri este la fel de strategic ca petrolul și conductele de petrol. Cu toate acestea, ceea ce distinge narcoticele de comerțul legal cu mărfuri este faptul că narcoticele constituie o sursă majoră de formare a bogăției nu numai pentru crima organizată, ci și pentru aparatul de informații al SUA, care constituie din ce în ce mai mult un actor puternic în sferele finanțelor și bancare. La rândul său, CIA, care protejează comerțul cu droguri, a dezvoltat legături complexe de afaceri și sub acoperire cu marile sindicate criminale implicate în comerțul cu droguri. Cu alte cuvinte, agențiile de informații și puternicele grupuri de afaceri aliate cu crima organizată se află în competiție pentru controlul strategic asupra rutelor de heroină. Veniturile de miliarde de dolari provenite din narcotice sunt depuse în sistemul bancar occidental.

Majoritatea marilor bănci internaționale, împreună cu filialele lor din paradisurile bancare offshore, spală sume mari de bani proveniți din traficul de droguri. Acest comerț poate prospera doar dacă principalii actori implicați în traficul de droguri au „prieteni politici la nivel înalt".

Activitățile legale și ilegale sunt din ce în ce mai interconectate; linia de demarcație dintre „oamenii de afaceri" și infractori este estompată. La rândul său, relația dintre infractori, politicieni și membrii serviciilor de informații a corupt structurile statului și rolul instituțiilor sale. Acest comerț se caracterizează printr-o rețea complexă de intermediari. Există diferite etape ale comerțului cu droguri, mai multe piețe interconectate, de la fermierul sărac de mac din Afganistan până la piețele en-gros și cu amănuntul de heroină din țările occidentale. Cu alte cuvinte, există o „ierarhie a controlului prețurilor” pentru opiacee.

Această ierarhie este recunoscută de administrația SUA:

> Heroina afgană se vinde pe piața internațională a narcoticelor la un preț de 100 de ori mai mare decât cel pe care fermierii îl obțin pentru opiul lor direct de pe câmp.
>
> Departamentul de Stat al SUA, citat de *Voice of America.*

Potrivit UNODC, opiul din Afganistan a generat în 2003... un venit de un miliard de dolari americani pentru fermieri și 1,3 miliarde de dolari americani pentru traficanți, echivalentul a peste jumătate din venitul național al țării. În concordanță cu aceste estimări ale UNODC, prețul mediu al opiului proaspăt a fost de 350 de dolari pe kilogram (2002); producția din 2002 a fost de 3400 de tone. Estimările UNODC, bazate pe prețurile locale la fermă și cu ridicata, constituie însă un procent foarte mic din cifra de afaceri totală a comerțului afgan cu droguri, de miliarde de dolari. UNODC estimează „cifra de afaceri anuală totală a comerțului internațional” cu opiacee afgane la 30 de miliarde de dolari SUA. O analiză a prețurilor cu ridicata și cu amănuntul pentru heroină în țările occidentale sugerează, totuși, că veniturile totale generate, inclusiv cele la nivel de vânzare cu amănuntul, sunt substanțial mai mari. Se estimează că un kilogram de opiu produce aproximativ 100 de grame de heroină (pură).

DEA din SUA confirmă că heroina din SWA (Asia de Sud-Vest, adică Afganistan) se vindea în New York la sfârșitul anilor 1990 cu 85.000 până la 190.000 de dolari pe kilogram cu ridicata, cu un grad de puritate de 75%. De la publicarea acestor cifre, sursele spun că prețurile heroinei au înregistrat o creștere de 450%.

Potrivit Administrației pentru Combaterea Drogurilor din SUA (DEA), „prețul heroinei din Asia de Sud-Est (SEA) variază între 70.000 și 100.000 de dolari pe unitate (700 de grame), iar puritatea acesteia variază între 85 și 90%". Unitatea SEA de 700 de grame (puritate de 85-90%) se traduce într-un preț cu ridic pe kg pentru heroina pură, cuprins între 115.000 și 163.000 de dolari. Cifrele DEA citate, deși reflectă situația din anii 1990, sunt în mare măsură în concordanță cu cifrele britanice din 2002. Conform unui raport publicat în The *Guardian* (11 august 2002), prețul cu ridicata al heroinei (pure) în Londra (Marea Britanie) era de ordinul a 50.000 de lire sterline, aproximativ 80.000 de dolari (2002). Întrucât există concurență între diferite surse de aprovizionare cu heroină, trebuie subliniat faptul că heroina afgană reprezintă un procent destul de mic din piața de heroină din SUA, care este aprovizionată în mare parte din Columbia.

Departamentul de Poliție din New York (NYPD) observă că prețurile cu amănuntul ale heroinei sunt în scădere, iar puritatea este relativ ridicată. Heroina se vindea anterior cu aproximativ 90 de dolari pe gram, dar acum se vinde cu 65-70 de dolari pe gram sau mai puțin. Informații anecdotice de la NYPD indică faptul că puritatea unui pachet de heroină variază de obicei între 50 și 80 la sută, dar poate fi de până la 30 la sută. Informațiile din iunie 2008 indică faptul că pachetele (10 pungi) achiziționate de cumpărători dominicani de la vânzători dominicani în cantități mai mari (aproximativ 150 de pachete) se vindeau cu doar 40 de dolari fiecare, sau 55 de dolari fiecare în Central Park. DEA raportează că o uncie de heroină se vinde de obicei cu 2.500-5.000 de dolari, un gram cu 70-95 de dolari, un pachet cu 80-90 de dolari și o pungă cu 10 dolari.

DMP raportează că puritatea medie a heroinei la nivelul

străzii în 1999 era de aproximativ 62%. Cifrele privind prețul de vânzare cu amănuntul furnizate de NYPD și DEA par să fie în concordanță. Prețul indicat de DEA, cuprins între 70 și 95 de dolari, pentru o puritate de 62%, se traduce într-un preț de 112 până la 153 de dolari pe gram de heroină pură. Cifrele NYPD sunt aproximativ similare, cu estimări poate mai mici pentru puritate. Trebuie remarcat faptul că, atunci când heroina este cumpărată în cantități foarte mici, prețul de vânzare cu amănuntul tinde să fie mult mai mare. În SUA, achiziția se face adesea „la pungă" (o pungă tipică d ă conține 25 de miligrame de heroină pură). O pungă de 10 dolari în New York (conform cifrei DEA citate mai sus) s-ar transforma într-un preț de 400 de dolari pe gram, fiecare pungă conținând 0,025 grame de heroină pură. Cu alte cuvinte, pentru achizițiile foarte mici comercializate de traficanții de stradă, marja de vânzare cu amănuntul tinde să fie semnificativ mai mare. În cazul achiziției unui pachet de 10 dolari, aceasta reprezintă aproximativ de 3-4 ori prețul corespunzător de vânzare cu amănuntul pe gram (112-153 dolari). În Marea Britanie, prețul de vânzare cu amănuntul pe stradă pe gram de heroină, conform surselor poliției britanice, „... a scăzut de la 74 de lire sterline în 1997 la 61 de lire sterline (în 2004)." (Adică de la aproximativ 133 de dolari la 110 dolari, pe baza cursului de schimb din 2004) Independent, 3 martie 2004.

În unele orașe, prețul a ajuns la 30-40 de lire sterline pe gram, cu un nivel scăzut de puritate; prețul mediu pentru un gram de heroină în Marea Britanie este între 40 și 90 de lire sterline (72-162 dolari pe gram). (Raportul nu menționează puritatea.) Prețul de stradă al heroinei era de 80 de lire sterline pe gram în aprilie 2007, potrivit Serviciului Național de Informații Criminale. Avem de-a face cu prețuri, de la prețul la fermă din țara producătoare, în sus, până la prețul final de vânzare cu amănuntul pe stradă.

Acesta din urmă este adesea de 80-100 de ori mai mare decât prețul plătit fermierului. Cu alte cuvinte, produsul opiaceu tranzitează mai multe piețe, de la țara producătoare la țările de tranzit, până la țările consumatoare. În acestea din urmă, există marje mari între „prețul de debarcare" la punctul de intrare, cerut de cartelurile de droguri, și prețurile en gros și prețurile de vânzare cu amănuntul pe stradă, protejate de crima organizată occidentală. În Afganistan, producția raportată de 3.600 de tone de opiu în 2003 ar permite producerea a aproximativ 360.000 kg de heroină pură. Veniturile brute obținute de fermierii afgani sunt estimate aproximativ de UNODC la aproximativ 1 miliard de dolari, iar 1,3 miliarde revin traficanților locali. Atunci când este vândută pe piețele occidentale la un preț cu ridicata al heroinei de ordinul a 100.000 de dolari pe kg (cu un grad de puritate de 70%), veniturile globale cu ridicata d ă (corespunzătoare celor 3.600 de tone de opiu afgan) ar fi de ordinul a 51,4 miliarde de dolari.

Aceasta din urmă constituie o estimare conservatoare bazată pe diversele cifre privind prețurile cu ridicata din secțiunea anterioară. Veniturile totale din comerțul cu narcotice afgane (în termeni de valoare adăugată totală) sunt estimate utilizând prețul final de vânzare cu amănuntul al heroinei. Cu alte cuvinte, valoarea de vânzare cu amănuntul a comerțului este, în ultimă instanță, criteriul pentru măsurarea importanței comerțului cu droguri în termeni de generare de venituri și formare de bogăție. O estimare semnificativă a valorii de vânzare cu amănuntul este însă aproape imposibil de stabilit, datorită faptului că prețurile de vânzare cu amănuntul variază considerabil în zonele urbane, de la un oraș la altul și între țările consumatoare, fără a mai menționa variațiile de puritate și calitate. Dovezile privind marjele de vânzare cu amănuntul, și anume diferența dintre valorile en gros și cele de vânzare cu amănuntul în țările consumatoare, sugerează totuși că o mare parte din veniturile totale (bănești) din comerțul cu droguri sunt generate la nivelul vânzării cu amănuntul. Cu alte cuvinte, o parte semnificativă din veniturile din comerțul cu droguri revine sindicatelor criminale și de afaceri din țările occidentale implicate în piețele locale de en-gros și cu amănuntul de narcotice. Iar diversele bande criminale implicate în comerțul cu amănuntul sunt invariabil protejate de sindicate criminale „corporatiste”.

90% din heroina consumată în Marea Britanie provine din Afganistan. Folosind cifra prețului de vânzare cu amănuntul din Marea Britanie, provenită din surse ale poliției britanice, de 110 dolari pe gram (cu un nivel de puritate presupus de 50%), valoarea totală de vânzare cu amănuntul a comerțului cu narcotice afgane în 2003 (3600 de tone de opiu) ar fi de ordinul a 79,2 miliarde de dolari. Această cifră ar trebui considerată mai degrabă o simulare decât o estimare. În baza acestei ipoteze (simulării), venituri brute de un miliard de dolari pentru fermierii d, Afganistan (2003) ar genera venituri globale din narcotice — acumulate în diferite etape și pe diferite piețe — de ordinul a 79,2 miliarde de dolari.

Aceste venituri globale revin sindicatelor de afaceri, agențiilor de informații, crimei organizate, instituțiilor financiare, angrosiștilor, comercianților cu amănuntul etc., implicați direct sau indirect în comerțul cu droguri. La rândul lor, veniturile din acest comerț lucrativ sunt depuse în bănci occidentale, care constituie un mecanism esențial în spălarea banilor murdari. Un procent foarte mic revine fermierilor și comercianților din țara producătoare. Trebuie reținut faptul că venitul net care revine fermierilor afgani nu reprezintă decât o fracțiune din suma estimată de 1 miliard de dolari. Aceasta din urmă nu include plățile pentru inputurile agricole, dobânzile la împrumuturile acordate de cămătari, protecția politică etc. Afganistanul produce peste 70% din oferta globală de heroină, iar heroina reprezintă o fracțiune considerabilă din piața globală a narcoticelor, estimată de ONU la aproximativ 400-500 de miliarde de dolari.

Nu există estimări fiabile privind distribuția comerțului mondial cu narcotice între principalele categorii:

- cocaină, opiu/heroina,
- canabis, stimulente de tip amfetaminic (ATS),
- alte droguri.

Veniturile din comerțul cu droguri sunt depuse în sistemul bancar obișnuit. Banii proveniți din droguri sunt spălați în numeroasele paradisuri bancare offshore din Elveția, Luxemburg, Insulele Canalului Mânecii, Insulele Cayman și alte aproximativ 50 de locații din întreaga lume. Aici interacționează sindicatele criminale implicate în comerțul cu droguri și reprezentanții celor mai mari bănci comerciale din lume d. Banii murdari sunt depuși în aceste paradisuri offshore, care sunt controlate de marile bănci comerciale occidentale. Acestea din urmă au un interes direct în menținerea și susținerea traficului de droguri.

Odată ce banii au fost spălați, aceștia pot fi reciclați în investiții de bună-credință, nu numai în imobiliare, hoteluri etc., ci și în alte domenii, cum ar fi economia serviciilor și industria prelucrătoare. Banii murdari și ascunși sunt, de asemenea, canalizați către diverse instrumente financiare, inclusiv comerțul cu instrumente derivate, mărfuri primare, acțiuni și obligațiuni de stat. Politica externă a SUA susține funcționarea unei economii criminale înfloritoare, în care demarcația dintre capitalul organizat și crima organizată a devenit din ce în ce mai neclară.

Afacerile cu heroină nu „umplu visteria talibanilor", așa cum susțin guvernul SUA și comunitatea internațională: dimpotrivă! Veniturile din acest comerț ilegal sunt sursa formării averilor, în mare parte culeasă de puternice interese de afaceri/criminale din țările occidentale.

Aceste interese sunt susținute de politica externă a SUA. Procesul decizional din cadrul Departamentului de Stat al SUA, al CIA și al Pentagonului joacă un rol esențial în susținerea acestui comerț extrem de profitabil, de miliarde de dolari, al treilea ca valoare a mărfurilor după petrol și comerțul cu arme.

Economia afgană a drogurilor este „protejată". Comerțul cu heroină a făcut parte din agenda de război. Ceea ce a realizat acest război este restabilirea unui stat narcoman, condus de o marionetă numită de SUA.

Puternicele interese financiare din spatele narcoticelor sunt susținute de militarizarea principalelor triunghiuri ale drogurilor (și a rutelor de tranzit) din lume, inclusiv Semiluna de Aur și regiunea andină din America de Sud (în cadrul așa-numitei Inițiative Andine).

Cultivarea macului de opiu în Afganistan

An	Producție (în tone)	Cultivare (în hectare)
1994	71.470	3.400
1995	53.759	2.300

1996	56.824	2.200
1997	58.416	2.800
1998	63.674	2.700
1999	90.983	4.600
2000	82.172	3.300
2001	7.606	185
2002	74.000	3.400
2007	88.000	4.000

Capitolul trei

Războiul fals împotriva drogurilor

În istoria tuturor națiunilor există un moment clar definit în care se poate observa un declin marcant care duce la căderea inevitabilă a acestora. Acest lucru este valabil și în cazul Indiei, încă din vremea culturii Harrapa; invazia Indiei și marile culturi ariene stabilite acolo de sciți și eleni sub conducerea lui Alexandru cel Mare. Principalele schimbări culturale care au ruinat civilizațiile din Europa au venit din patru direcții principale.

- Din Asia de Vest, prin Rusia, către Europa Centrală și de Vest.
- Din Asia Mică, prin Marea Egee, pe mare, către Mediterana de Vest.
- Din Orientul Apropiat și Marea Egee pe mare către Mediterana de Vest.
- Din Africa de Nord spre Spania și Europa de Vest.

Atât civilizația greacă, cât și cea romană au fost distruse de aceste curente sau de o combinație a acestora. Este cert că mișcarea în masă a populației și răspândirea diverselor culturi au jucat un rol major în modelarea viitorului națiunilor. Faptul că astfel de mișcări în masă au fost determinate de comerț și de motive politice este clar consemnat. Oameni străini și culturi străine au început să ceară „drepturi" în Roma antică. Decadenții dintre conducătorii romani au acceptat cererile din motive politice. Nicăieri acest curent de mișcare în masă a populației pentru câștiguri politice nu poate fi urmărit mai clar decât în istoria Statelor Unite ale Americii. În 1933, președintele Franklin Delano Roosevelt a deschis larg porțile unei invazii de oameni din Europa de Est a căror cultură era complet străină de cultura creștină anglo-saxonă, nordică alpină, germanică lombardă care alcătuia masa populației Statelor Unite. El a făcut acest lucru exclusiv din motive politice, știind că imigranții străini vor vota pentru el și pentru partidul său.

Acest val uriaș de oameni neasimilați social și cultural a apărut ca urmare a deciziilor politice luate de conspiratori, al căror scop era să distrugă America creștină. Această politică continuă și astăzi. Statele Unite sunt inundate de popoare străine din Asia Mică, Orientul Îndepărtat, Orientul Apropiat, Insulele Pacificului, Europa de Est, America Centrală și de Sud, într-o asemenea măsură încât se poate spune cu siguranță că declinul și căderea Statelor Unite, începute în 1933, sunt acum în plină desfășurare.

Schimbările culturale au fost vaste, mai ales din 1933. Sub pretextul „toleranței" și al „internaționalismului", populația creștină occidentală a Statelor Unite a fost forțată să se retragă în fața presiunilor „liberalismului". Compromisul a devenit la ordinea zilei. Etica creștină albă, care odinioară abundă în Statele Unite, a început să se înece într-o mare de idei necreștine, care, dacă nu vor fi ținute sub control, vor face Statelor Unite, într-un timp relativ scurt, ceea ce s-a făcut Romei.

Una dintre cele mai diabolice încercări de a distruge etica creștină occidentală a ceea ce eu numesc poporul indigen al

Americii, adică acei creștini albi, ai căror strămoși d, proveneau din Anglia, Irlanda, Scoția, Țara Galilor, Germania, Scandinavia, Franța și Italia, a fost ravagiul cultural provocat de muzica rock and roll, însoțită de consumul pe scară largă de droguri care creează dependență, precum marijuana, substanțe chimice, heroină și cocaină. Nu ar trebui să ne lăsăm niciodată prinși în capcana de a crede că aceste schimbări culturale dezastruoase s-au întâmplat pur și simplu. Întâmplarea nu joacă niciun rol în această poveste. Aici avem de-a face cu fapte, iar faptul este că întreaga vastă schimbare culturală de la moralitatea creștină la decadența păgână a fost atent planificată.

În numeroasele lucrări pe care le-am scris, aceste planuri sunt dezvăluite, iar numele instituțiilor, companiilor, organizațiilor și persoanelor responsabile de teribilul război împotriva Americii creștine albe sunt menționate. Printre lucrările mele se numără următoarele:

- Instituții și companii ale conspiratorilor.
- Nobilimea neagră demascată.
- Cine sunt conspiratorii?
- Conducătorii ascunși ai Americii.
- Noua eră a Vărsătorului.

Acestea nu sunt, în niciun caz, tot ceea ce am făcut pentru a dezvălui amenințarea drogurilor. În toate cele peste cinci sute de monografii și casete audio ale mele, se face referire la acest comerț insidios și la cine se află în spatele lui. Bazându-se pe vasta lor experiență și avere obținută din comerțul cu opiu din China din secolele al XVIII-lea și al XIX-lea, familiile oligarhice britanice și verii lor americani au început atacul lor pe frontul drogurilor împotriva Americii imediat după cel de-al Doilea Război Mondial. Vă reamintesc că cercetarea „ ” pentru războiul meu personal împotriva drogurilor a fost efectuată în principal pe teren și că informațiile mele provin de la conexiuni din serviciile de informații și foști agenți implicați în monitorizarea comerțului cu droguri în mai multe țări.

Încă din anii 1930, o anumită autoritate în domeniul investițiilor britanice în străinătate, un anume domn Graham, a scris că investițiile britanice în America Latină se ridicau la „peste 1 trilion de lire sterline”. De ce atâția bani în America Latină? Într-un cuvânt: droguri. Cu siguranță nu erau banane; deși acest fruct a jucat într-adevăr un rol în acoperirea transporturilor de droguri ascunse sub ciorchini de banane.

Plutocrația care deținea atunci controlul asupra finanțelor bancare este aceeași cu cea care se ocupă astăzi de traficul de droguri. Nimeni nu va prinde vreodată nobilimea Angliei cu mâinile murdare; aceștia au fațadele lor respectabile, în spatele cărora operează prin intermediari și organizații precum Frasers în Africa și Trinidad Leaseholds Ltd. în Caraibe (mari companii britanice înregistrate la Londra).

În timpul domniei reginei Victoria, cincisprezece membri ai parlamentului din Anglia controlau vastul comerț din China și America Latină, printre aceștia numărându-se Lord Chamberlain, Sir Charles Barry și Lord Palmerston. La fel cum comerțul cu opiu din China era un monopol britanic, comerțul cu droguri din Caraibe, America Centrală și de Sud, Orientul Mijlociu și Orientul Îndepărtat a devenit un monopol britanic.

Ulterior, în urmărirea scopurilor lor de a distruge America din punct de vedere cultural, unele dintre vechile familii „de sânge albastru" din America au fost admise în acest comerț; Thomas Handiside Perkins, familia Delano și familia Richardson sunt exemple ale ceea ce vreau să spun. Începând cu distribuția de către „misionarii" China- -Inland Mission, finanțați masiv de BEIC, opiul a fost impus populației chineze. Cererea a fost creată și apoi satisfăcută prin intermediul BEIC.

Slujitorul lor, Adam Smith, a clasificat acest lucru drept „comerț liber". Când guvernul chinez a încercat să se opună transformării poporului său în dependenți de opiu, Marea Britanie a purtat două războaie majore pentru a opri ceea ce numea „interferență în comerțul liber".

În timp ce studiam la Londra, l-am cunoscut pe fiul unei familii de misionari care slujise în cadrul China Inland Mission. Familia lui era misionară încă din secolul al XIX-lea. După ce am dezvoltat o prietenie destul de strânsă cu una dintre fiice, care slujise și ea în China, ea mi-a mărturisit că toți fumau opiu și că aceasta era o tradiție care exista în familia lor de generații.

Comerțul cu opiu din Indochina este unul dintre cele mai bine păstrate secrete și unul dintre cele mai infame capitole din istoria Europei de Vest. Trebuie să ne amintim că familia regală britanică își are originile în Veneția, acel pumnal levantin în inima Europei de Vest. Robert Bruce, care a uzurpat tronul Scoției, provenea din Veneția, iar numele său real nu era Bruce. Același lucru se poate spune și despre așa-numita „Casă de Windsor", care, în realitate, este Casa Guelfilor Negri.

După cum s-a menționat anterior, în urma succesului înregistrat în India și China, BEIC și-a îndreptat atenția către Statele Unite, ceea ce constituie unul dintre motivele pentru care avem o așa-numită „relație specială" cu aristocrația britanică și, într-adevăr, mulți dintre „liderii" noștri sunt înrudiți cu familia regală britanică. Franklin D. Roosevelt, George Herbert Walker Bush și Richard Cheney sunt exemple care îmi vin în minte. Comerțul lucrativ cu droguri stabilit în China este unul dintre cele mai grave exemple d, de a face sume uriașe de bani din suferința umană.

Sub protecția Legii privind spionajul industrial a guvernului elvețian, invocată în mod liber, se prevăd pedepse severe cu închisoarea, dacă se dezvăluie ceva despre acțiunile acestor două companii sau, de fapt, despre orice companie elvețiană. Nu zguduiți barca elvețiană decât dacă sunteți pregătiți pentru niște consecințe foarte neplăcute! Retorica unor oameni precum doamna Thatcher și George Bush, care ne spun cu voce tare că sunt dedicați luptei împotriva drogurilor, poate fi complet ignorată.

Așa-numitul „război împotriva drogurilor" este absolut fals la nivelurile superioare ale guvernului. Nu există niciun război împotriva drogurilor și nu a existat niciodată. Abia când guvernele britanic și american vor urmări persoanele aflate la vârful traficului de droguri, „războiul" lor proclamat va avea sens. Aceasta înseamnă arestarea unor oameni precum Keswick, Jardine, Matheson și închiderea unor bănci precum Midland Bank, National and Westminster Bank, Barclays și Royal Bank of Canada. Nu menționez aceste nume ale elitei britanice de elită cu ușurință.

Încă din 1931, șefii acestor companii și bănci au fost numiți pari ai regatului. Regina Angliei însăși a acordat protecție specială celor cinci mari companii de trafic de droguri din Anglia. Prin intermediul unui prieten de încredere, am avut acces la documentele regretatului Frederick Wells Williamson, administratorul India Papers. Ceea ce am văzut m-a șocat. Lista familiilor „nobile" din Anglia și Europa implicate în comerțul cu droguri ar provoca o furtună de indignare care ar cuprinde Marea Britanie și Europa dacă vreodată ar fi dezvăluite aceste vipere încoronate.

După cel de-al Doilea Război Mondial, un val de heroină a amenințat să înghită lumea occidentală, cu o atenție specială îndreptată spre America de Nord. Comerțul era condus și finanțat de persoanele de la vârf. KGB-ul l-a folosit ca armă împotriva Occidentului sub ordinele și îndrumarea regretatului Iuri Andropov. Aprovizionate și finanțate de KGB, facilități pentru producerea de cocaină și heroină au fost înființate în Cuba, sub îndrumarea lui Raoul Castro, fratele lui Fidel Castro.

Aceste fapte sunt cunoscute de Guvernul Statelor Unite, care nu a reușit niciodată să facă ceva pentru a închide facilitățile cubaneze, iar politicile par să lase Cuba „de neatins". Galen, renumita autoritate în materie de heroină, ar trebui citit de toți cei care doresc să înțeleagă clar ce este heroina și ce efecte are asupra organismului uman. Probabil că primii consumatori de opiu (din care se obține heroina) au fost vechii moguli din India, a căror dinastie a durat din 1526 până în 1858 și a cărei civilizație s-a prăbușit proporțional cu producția de opiu și cu creșterea puterii britanice.

O hartă a Indiei pe care am achiziționat-o de la India Papers, India House, Londra, arată zonele în care se cultiva macul de opiu, iar acestea corespund cu teritoriile cucerite de britanici începând cu 1785, de-a lungul bazinului Gangelui, în Bihar și Benares. Opiul de cea mai bună calitate provenea din macul cultivat în aceste zone. Este pur și simplu uimitor ce au reușit să realizeze în India baronii britanici ai opiului, adică establishmentul britanic aflat la putere în Anglia.

Familia regală și acoliții săi numeau acest comerț incredibil de profitabil „prada Imperiului". Documentele de la India House, numite „Miscellaneous Old Records", s-au dovedit a fi o adevărată comoară de informații pentru mine. Documentele arată implicarea totală a persoanelor de vârf din guvernul britanic, a familiei regale și a oligarhiei în comerțul cu opiu din China.

Aceste documente arată că „avere instantanee" a fost acumulată de „nobilimea" și „aristocrația" britanică. Persoanele din afară, precum un anume William Sullivan, care a fost judecat pentru că și-a făcut o „avere instantanee" neautorizată pe cheltuiala Companiei Britanice a Indiilor de Est, s-au trezit curând în mari necazuri. Directorii Companiei Britanice a Indiilor de Est erau membri de vârf ai Partidului Conservator, inclusiv lordul Palmerston și alții. Aceștia aparțineau celor mai bune cluburi de domni din Londra. Aveau propriile pașapoarte ale Companiei Britanice a Indiilor de Est, care deveneau necesare dacă cineva dorea să viziteze China.

Lorzii și doamnele care dețineau Compania Britanică a Indiilor de Est au încercat pentru prima dată în 1683 să introducă opiul în Anglia, dar țăranii și clasa de mijloc nu au putut fi convinși să devină dependenți de droguri. Așa că plutocrații și oligarhia au început să caute o piață.

S-a încercat Peninsula Arabică, dar și asta a eșuat, datorită învățăturilor profetului Mahomed. Așa că s-au îndreptat spre China, cu masele sale numeroase, atât de convenabil de aproape de Bengal. Abia în 1729 guvernul chinez a încercat să adopte legi anti-opiu, iar asta a pus China pe o traiectorie de coliziune cu Marea Britanie. Aristocrația britanică și structura sa oligarhică sunt foarte greu de penetrat. Pentru persoanele fără o pregătire specială, o astfel de sarcină este imposibilă. Marea majoritate a liderilor politici britanici de oarecare importanță sunt înrudiți între ei, așa-numitele titluri fiind preluate de fiul cel mai mare la moartea membrului senior al familiei, iar practic toate aceste familii sunt implicate în comerțul cu droguri, indirect, desigur.

Poate că veți găsi acest detaliu oarecum plictisitor. Știu că mi s-a părut așa când citeam munți de documente la Londra și înregistram informațiile în caietele mele. Acolo unde nu mi s-a permis să iau astfel de notițe, camera mea specială de „spionaj" mi-a fost de mare ajutor. Vă furnizez aceste informații, care au necesitat o cercetare aprofundată, deoarece afectează profund Statele Unite ale Americii.

Face parte din acoperirea „relației speciale" care leagă propriile noastre „familii nobile" din comerțul cu droguri de „verii" lor britanici. Această „relație specială" a camuflat o situație urâtă în care un element străin care s-a strecurat în aristocrația britanică a fost moștenit de verii lor americani.

Luați cazul lordului Halifax, ambasadorul Marii Britanii la Washington, care, în toate privințele, a preluat controlul asupra politicii externe a SUA înainte și în timpul celui de-al Doilea Război Mondial, inclusiv supravegherea tuturor capacităților de informații ale SUA. Fiul său, Charles Wood, s-a căsătorit cu domnișoara Primrose, o rudă de sânge a oribilei și ignobilei Case Rothschild, cu nume precum Lord Swayling și Montague asociate cu regina Elisabeta, acționarul majoritar al companiei Shell. Eu leag toate aceste persoane și instituțiile lor de traficul de droguri.

Unul dintre strămoșii acestei familii a fost Lord Palmerston, poate unul dintre cei mai respectați prim-miniștri britanici din toate timpurile. El s-a întâmplat să fie, de asemenea, principalul motor al comerțului cu opiu din China. Aceste „vipere încoronate" le-au permis „verilor" lor britanici din America să se implice în comerț atunci când au avut nevoie să transporte stocuri mari de opiu în interiorul Chinei. Comisarul chinez Un a remarcat:

> Există atât de mult opiu la bordul navelor engleze care se află acum în portul d, (Macao), care nu va fi niciodată returnat țării din care a provenit. Trebuie să se facă o vânzare aici, pe coastă, și nu m-ar surprinde să aud că este introdus ilegal (în China) sub pavilion american.

Comisarul Un nu a trăit suficient de mult pentru a descoperi cât de exactă a fost previziunea sa, care a dus indirect la infestarea Statelor Unite cu droguri. Trebuie să examinăm modul în care noi, publicul, suntem blufați și ținuți în întuneric în ceea ce privește ceea ce se întâmplă.

Un lucru este sigur: până când această lucrare va fi citită, nimeni nu va mai avea îndoieli că eforturile SUA de a opri fluxul de droguri către această țară și de a pune capăt comerțului cu droguri sunt fatalmente defectuoase și că aceste defecte și eșecuri sunt intenționate.

Guvernul nostru nu dorește ca traficul de droguri să se oprească. Forțele dominante, cele care controlează „reprezentanții noștri" din Congres, au decretat cu mult timp în urmă că orice război împotriva drogurilor va fi doar un război de fațadă. Doi membri importanți ai guvernului au demisionat din cauza acestei reticențe a conducerii de a face ceva în așa-numitul război împotriva drogurilor. Un procuror general a fost forțat să demisioneze deoarece era perceput ca fiind în cârdășie cu guvernul mexican, protejându-l la cel mai înalt nivel. Un președinte a fost forțat să părăsească funcția, deoarece a îndrăznit să încerce să se ia de oamenii de vârf din comerțul cu droguri. Britanicii și-au mutat comerțul cu opiu de la Canton la Hong Kong, și de acolo la Panama, motiv pentru care era atât de important să-l scoată din cale pe generalul Noriega, definitiv.

Heroina curgea din Afganistan prin Pakistan, de-a lungul coastei pustii a Maccrei, peste Marea Roșie, până la Dubai, unde era schimbată pe aur. Curgea din Liban, din Valea Bekka, controlată de Siria, motiv pentru care forțele armate „ " ale Siriei au ocupat Libanul atât de mult timp; curgea din Triunghiul de Aur al Birmaniei și Thailandei și din Semiluna de Aur din Iran, motiv pentru care șahul a fost mai întâi detronat și apoi asasinat când a aflat ce se întâmplă și a încercat să pună capăt acestui lucru.

Acest război al drogurilor, foarte real, împotriva Statelor Unite face parte din conspirația pentru un guvern mondial unic, o conspirație care își are rădăcinile în Comitetul celor 300. Istoria drogurilor este la fel de veche ca istoria însăși a omenirii. Conspirația menită să răstoarne toate guvernele și religiile existente este un efort tripartit – spiritual, economic și politic. Drogurile sunt arma sa principală. Gnosticismul este forța opusă creștinismului. Regina Angliei este gnostică, la fel ca soțul ei, prințul Philip. Aici se regăsesc consumul liber de droguri, cultul mamei, Zeița Pământului, teosofia și rozacrucienii, care conduceau bandele chineze de opiu cunoscute sub numele de „Triade". „Triadele" își procurau proviziile de opiu din depozitele navelor britanice, apoi forțau proprietarii chinezi să deschidă fumării de opiu.

Alistair Crowley a fost modelul demonic al drogurilor în societatea britanică victoriană. Din aceasta a rezultat „rock and roll-ul", prin intermediul Institutului Tavistock, care a creat „grupuri rock" ca vehicule pentru răspândirea consumului de LSD, marijuana și, mai târziu, cocaină. Poate că nu știm, dar grupuri decadente precum „The Rolling Stones" se bucură de patronajul familiilor britanice de vârf și al familiei oligarhice germane Von Thurn und Taxis. Venerabilele familii nobile britanice sunt de mult timp implicate în afaceri cu droguri prin intermediul Băncii Hong Kong și Shanghai, cunoscută afectuos sub numele de „Hongshang Bank". Afacerea Băncii Hong Kong și Shanghai este drogurile, pur și simplu. De la aceste familii nobile a pornit complotul de asasinare a lui Abraham Lincoln și, mai târziu, a lui John F. Kennedy. Dominația lor asupra Statelor Unite este completă, acționând prin instituțiile și companiile lor, organizații religioase „paravan". Familia Regală a Angliei este adevăratul proprietar al imperiului de băuturi alcoolice Bronfman.

În perioada Prohibiției, familia Bronfman era cel mai mare contrabandist de alcool din Canada către SUA. Americanii nu trebuie să uite niciodată că acești oameni puternici și companiile lor sunt responsabili pentru vastul val de droguri în care America se îneacă literalmente. Principalul nostru organism de control este Institutul Regal pentru Afaceri Internaționale (RIIA). Președintele Morgan Guarantee face parte și din consiliul de administrație al RIIA.

Alți membri ai consiliului de administrație al Morgan fac parte din consiliul de administrație al Băncii Hong Kong și Shanghai.

Lordul Cato face parte din „Comitetul de la Londra" al Băncii Hong Kong și Shanghai. RIIA, prin intermediul unei rețele de companii, instituții și bănci, este responsabilă pentru amenințarea mondială a drogurilor. RIIA a fost cea care l-a instalat pe Mao Tse Tung la putere în China și apoi a stabilit Hong Kongul ca principalul centru de comerț cu opiu și aur din lume, poziție pe care a deținut-o până la recenta expansiune a Dubaiului. Cu ceva timp în urmă, am scris despre partea australiană a comerțului cu droguri și am menționat metodologia acesteia. Am primit o scrisoare de la un bărbat care mi-a spus că a fost curier pentru una dintre cele mai mari organizații de spălare de bani și că informațiile mele erau foarte exacte.

Compania australiană era controlată din Anglia. Am menționat anterior amenințarea făcută de Chou En-Lai președintelui Nasser al Egiptului. Ambii au decedat, dar ceea ce a spus liderul chinez merită repetat:

> Unii dintre ei (trupele americane din Vietnam) încearcă opiul. Noi îi ajutăm. Vă amintiți când Occidentul (adică britanicii) ne-a impus opiul? Ne-au luptat cu opiul. Iar acum noi îi vom lupta cu propriile lor arme. Efectul pe care această demoralizare îl va avea asupra Statelor Unite va fi mult mai mare decât își dă seama cineva.

Această conversație a fost înregistrată în iunie 1965 de Mohammed Heikel, fostul redactor-șef foarte respectat al cotidianului egiptean „Al Ahram". Băncile offshore cunoscute ca spălând bani proveniți din traficul de droguri și afiliate Institutului Regal pentru Afaceri Internaționale sunt răspândite în întreaga lume. Iată o listă a țărilor în care se află acestea:

Singapore	14

Bahamas	23
Antigua	5
Antilele	10
Bermuda	5
Trinidad	6
Insulele Cayman	22
Panama	30

Această listă exclude băncile RIIA aflate sub control chinez. Pentru o listă a acestora, puteți consulta Polk's Banking Directory. Listele cu numele persoanelor proeminente ar umple pagini întregi. Este suficient să spunem că printre acestea se află cele mai proeminente personalități ale societății britanice, precum Sir Mark Turner, care controlează marile bănci ale familiei regale britanice, inclusiv Royal Bank of Canada. Strămoșii lui Turner au conspirat cu regele George al III-lea pentru a le face rău coloniștilor americani. a cea mai mare tranzacție de opiu contra aur este efectuată în Dubai de British Bank of the Middle East. Cantitatea de aur tranzacționată în Dubai o depășește pe cea vândută în New York. Această operațiune se află în mâinile lui Sir Humphrey Trevelyn.

Prețul mondial al aurului este „fixat" în fiecare zi la sediul N.M. Rothschild, St. Swithins Court, Londra. Acesta se bazează exclusiv pe prețul de referință al opiului. Cei care se întâlnesc în birourile N. M. Rothschild sunt reprezentanți ai Anglo American Company of South Africa a lui Harry Oppenheimer, ai Moccato Metals, ai Johnson Matthey Kleinwart Benson, ai Sharps, ai Pixley Wardley și membri ai Comitetului de la Londra al Hong Kong and Shanghai

Bank.

Împreună, aceste companii și reprezentanții lor reflectă organismul de control al comerțului cu opiu și heroină, de la cantitatea care urmează să fie cultivată, prețul care urmează să fie plătit și, invers, prețul aurului; cine va face comerț; unde; și în ce cantități.

„Străinii" care încearcă să pătrundă pe piață sunt repede raportați rețelei de poliție privată a lui David Rockefeller, cunoscută sub numele de „Interpol", ceea ce duce uneori la confiscarea unor cantități relativ mici de droguri. Acestea sunt salutate de presa mondială ca „victorii majore" în falsul război împotriva drogurilor. Comerțul cu ridicata de heroină și cocaină se desfășoară prin intermediul următoarelor bănci importante. Până în prezent, niciun guvern nu a îndrăznit să le urmărească, deși dovezile activităților lor nefastă abundă:

S.U.A.

- The Bank of Nova Scotia
- Comercianții de diamante Harry Winston
- Mocatto Metals
- N.M.R. Metals
- Loeb Rhodes
- Engelhard Minerals
- Banca Dadeland
- Prima Bancă din Boston
- Credit Suisse

CANADA

- Banca Regală a Canadei
- Noranda Sales Corporation
- Banca Imperială Canadiană
- Banca Nova Scotia
- Hong Kong. Sharp Pixlee Wardley
- Compania Inchcape
- Charter Consolidated
- Banca Hong Kong și Shanghai
- Banca Standard and Chartered
- Banca Chinezilor din Străinătate
- Jardine Matheson
- Sime, Darby
- Banca Bangkok ORIENTUL MIJLOCIU
- Banca Britanică din Orientul Mijlociu
- Barclays International Bank, Dubai
- Barclays Discount Bank
- Banca Leumi din Israel
- Banca Hapolum din India

PANAMA

- Bancoiberia America
- Banconacional din Panama

ANGLIA

- Banca Națională Westminster
- Midlands Bank
- Barclays Bank

Panama este importantă în lumea drogurilor, deoarece a fost înființată ca zonă de tranzacționare a cocainei. În acest scop, au fost deschise acolo bănci comerciale importante. Omul puternic Omar Torrijos a fost pus la conducere, dar când și-a schimbat afilierea, a fost „eliminat".

Când generalul Noriega, acționând în conformitate cu un mandat al USDEA pe care credea că l-a primit, a început să dezvăluie imperiul bancar al lui Rockefeller din Panama, a fost răpit de un contingent militar de 7.000 de oameni sub comanda președintelui G.W.H. Bush și dus la Miami pentru a fi judecat ca un important „traficant de droguri". A plătit prețul fiind condamnat „judiciar" la închisoare, din care nu va mai ieși niciodată.

Președintele Nixon a crezut că este suficient de puternic pentru a se lupta cu traficul de heroină care trecea prin Franța. A descoperit că se înșel și și-a pierdut președinția din cauza încercării sale îndrăznețe de a perturba „legătura specială" dintre Marea Britanie și SUA.

„Corporația" are întotdeauna la dispoziție aproximativ 200 de tone de pastă de cocaină, în timp ce este un fapt stabilit că, în perioada sa de glorie, Pato Pizzaro a trecut sute de milioane de dolari prin băncile panameze. Pizzarro a fost șeful „Corporației", o entitate boliviană, până când a fost asasinat din ordinul Cartelului Medellin pentru că a încercat să „îi elimine". Un om care știa totul despre ce se întâmpla în Panama, dar care nu a raportat nimic, a fost Alfredo Duncan, agentul DEA atașat la Ambasada SUA. Alfredo

Duncan a fost principalul responsabil pentru evadarea lui Remberto, omul de spălare a banilor al „Corporației", unul dintre cei mai importanți oameni de finanțe din rețeaua boliviană care opera în Panama.

Rețeaua a fost înființată de David Rockefeller ca principal depozitar bancar pentru cocaină, la fel cum britanicii au înființat Hong Kong-ul pentru comerțul cu heroină. Remberto a fost ademenit în Panama. El a așteptat ca o presupusă tranzacție să se încheie, dar când Edwin Meese, pe atunci procuror general, ar fi avertizat guvernul mexican cu privire la ceea ce urma să se întâmple, lui Remberto i s-a permis să se strecoare, evitând astfel arestarea. Agentul responsabil, Alfredo Duncan, a primit zeci de telegrame de la DEA din Washington prin care i se ordona să-l aresteze pe Remberto. Când a devenit evident că pasărea zburase din cușcă, agentul DEA Alfredo Duncan a dat vina pe CIA, spunând că aceștia „l-au dus (pe Remberto) pe Insula Contadora". Astfel a fost zădărnicit ceea ce ar fi putut fi un triumf major în războiul împotriva drogurilor. În schimb, totul s-a încheiat într-un fiasco de ordine blocate sau ignorate. Rămâne impresia clară că lui Remberto i s-a permis în mod deliberat să scape.

În mult lăudata și extrem de costisitoarea „Operațiune Snowcap", DEA trebuia să pătrundă în junglele boliviene și să distrugă imensele laboratoare de cocaină. Încă de la început, „Operațiunea Snowcap" a fost o farsă frauduloasă, menită, se pare, să păcălească Congresul și poporul american să creadă că DEA înregistra mari succese în acest război fals. „Operațiunea Snowcap" a fost ca Războiul din Vietnam. Statele Unite nu au nicio intenție de a-l câștiga. Nu îndrăznim; miza este prea mare. Acest război fals împotriva drogurilor este plin de înșelăciune, minciuni și ipocrizie. Pe scurt, este o pierdere de timp și de bani ai contribuabililor, o farsă crudă, complet lipsită de sens. La fel cum guvernul SUA a fost dispus să sacrifice vieţile soldaţilor săi în Vietnam, ştiind tot timpul că nu aveam niciun interes să învingem inamicul, la fel a fost dispus guvernul să sacrifice vieţile unor tineri agenţi DEA dedicaţi, dintre care câţiva au murit la datorie în timpul „Operaţiunii Snowcap".

Locotenent-colonelul Oliver North a fost de mult timp suspect în opinia unui membru al Senatului SUA. Informaţiile pe care le deţin despre acţiunile sale în eşuarea unei operaţiuni antidrog în Columbia mă fac să cred şi mai ferm că guvernul nostru nu avea nicio intenţie de a câştiga mult-trâmbiţatul său „război împotriva drogurilor".

În multe dintre monografiile mele despre droguri, am scris pe larg despre Cartelul Medellin şi baronii columbieni ai cocainei. În acest sens, cu riscul de a face „publicitate", voi spune că am fost în avangarda dezvăluirii numelui „Cartelul Medellin" şi a întregului comerţ columbian cu cocaină în general.

Contrar credinţei populare, cea mai mare parte a cocainei nu este procesată în Columbia, ci provine din Bolivia. Cifrele oficiale ale DEA şi ale Vămii arată că nouăzeci şi şapte la sută din toată cocaina provine din Bolivia. Motivul pentru care Columbia se află în centrul atenţiei este că bolivienii nu sunt un popor violent şi nici nu părăsesc aproape niciodată Bolivia pentru a face afaceri. Dacă cineva vrea să cumpere cocaină, trebuie să călătorească în Bolivia.

În cazul care îl implică pe Oliver North, Bobby Seale, un agent sub acoperire care pătrunsese în cartelul Medellin, credea că acesta îl mituia de fapt pe Daniel Ortega, şeful sandiniştilor. El a transmis informaţia către DEA, iar aceştia i-au dat-o lui North. Aceasta i-a oferit lui North o şansă de aur de a-şi susţine cuvintele entuziaste cu fapte. În schimb, el a ales să pună la îndoială informaţiile furnizate de Seale, despre care istoria va arăta că a fost cel mai eficient ofiţer sub acoperire al DEA care a activat vreodată în Columbia. North i-a spus apoi DEA că voia ca Seale să transporte bani către Contras.

Nu mi-am putut imagina niciodată de ce North ar fi vrut să-l îndepărteze pe Seale din rolul său dinamic; iată un om care lupta cu adevărat împotriva drogurilor de partea noastră. Când Seale a refuzat să fie detaşat la North, acesta a divulgat povestea lui Seale presei. Care a fost rezultatul? Probabil cea mai bună operaţiune organizată vreodată de DEA a fost distrusă, iar Seale a fost asasinat de asasinii Cartelului Medellin, după ce a fost lipsit de protecţie şi adresa lui a fost făcută publică prin ordinul unui judecător. Nu mă credeţi? De la dezvăluirea mea, a fost realizat un film de lung metraj în care povestea este prezentată exact aşa cum am descris-o cu 4 ani înainte ca Seale să fie ucis. Nu doresc să-l judec pe locotenent-colonelul North, dar divulgarea poveştii lui Seale către şacalii din mass-media americană se înscrie în categoria trădării, la fel cum New York Times a divulgat codurile noastre de satelit către Uniunea Sovietică prin intermediul unuia dintre reporterii săi, Richard Burt. Cel puţin, North are multe explicaţii de dat. În opinia mea, North se situează cu doar un pas deasupra unui „dirt bag", argou de stradă pentru un informator. Moartea lui Bobby Seale a reprezentat o pierdere foarte gravă. Dar, dacă nu ar fi fost audierile Iran-Contra, acest eveniment deplorabil probabil că ar fi rămas ne raportat.

În opinia mea, „scurgerea" de informaţii a lui North nu a

fost un accident și cu siguranță nu a fost un incident izolat. Nu este singura dată când au apărut dovezi că guvernul nostru nu duce un război total împotriva drogurilor. Într-un alt caz columbian care implica Cartelul Medellin, unul dintre principalii săi furnizori bolivieni, Roberto Suarez, a pierdut 850 de kilograme de cocaină și doi dintre principalii săi oameni de încredere, care au fost arestați într-o razie la Miami. Suarez avea un venit de 1 milion de dolari pe zi, și era un venit constant la acest nivel. El era mai mult conducătorul Boliviei decât președintele acesteia.

Personalități de rang înalt din America Latină au apărut în mod repetat în documentația acestui caz. La scurt timp după arestarea a doi dintre principalii „diplomați ai drogurilor" ai lui Suarez, a fost lansată cea mai terifiantă lovitură de stat împotriva guvernului bolivian, care a fost susținută de DEA și CIA. Lovitura de stat a reușit, a costat viața a mii de oameni și s-a încheiat cu transformarea Boliviei în principalul furnizor de cocaină pentru Columbia. Poate că acesta este motivul pentru care acuzațiile împotriva celor doi „diplomați ai drogurilor" ai lui Suarez arestați în Miami au fost retrase, iar cauțiunea a fost redusă în mod misterios pentru al treilea bărbat, permițându-le astfel să se întoarcă acasă în aceeași zi.

Rețineți, însă, că aceștia nu erau niște traficanți mărunți, de genul celor care apar la „NBC Nightly News". Acești bărbați se aflau în vârful cartelului de droguri, așa că nu le-a fost deloc greu să plătească o cauțiune relativ mică și să părăsească Statele Unite. A fost oare doar o coincidență? Cei care au o încredere nejustificată în guvernul nostru și în președintele nostru ar putea dori să creadă că nu a fost altceva decât un accident, dar având în vedere că sute de cazuri similare d, au luat o turnură nefericită, cum putem avea încredere în guvernul nostru? Se pare că nu sunt singurul care are aceste suspiciuni. Fostul comisar al Vămii, William von Raab, a spus odată că departamentul său era mai interesat să urmărească cazurile de contrabandă cu papagali decât să-i vâneze pe marii traficanți de droguri.

Von Raab a fost ținta furiei Congresului când a denunțat întregul guvern mexican ca fiind corupt. Faptele și circumstanțele par să susțină puternic acuzațiile grave ale lui Von Raab. Mexicul răspunde de obicei la acuzațiile că înalții săi oficiali sunt implicați până peste cap în traficul de droguri spunând: „dați-ne dovezi ca să putem investiga acuzațiile voastre”. De fiecare dată când apare o oportunitate de a furniza dovezi, forțe misterioase din interiorul guvernului nostru intervin și zădărnicesc acțiunea.

Un astfel de caz l-a implicat pe un anume Hector Alvares, membru al corpului de presă al fostului președinte Salinas de Goltari. Alvares și un alt om de fațadă, Pablo Giron, i-au spus unui agent sub acoperire al DEA, care se dădea drept un mare cumpărător de cocaină, că ar putea face aranjamente cu guvernul mexican pentru a transporta prin Mexic încărcături de cocaină boliviană destinate Statelor Unite. Acest lucru s-a întâmplat în timpul discuțiilor preliminare privind o „achiziție” de cocaină boliviană. Giron a spus că avea o linie directă cu generalul mexican Poblana Silvo, care ar fi acționat la telefonul lui (al lui Giron).

Giron i-a spus unui agent DEA (care a depus mărturie sub jurământ) că era foarte apropiat de Salinas de Gottari. Un informator al Vămii a jurat, de asemenea, că i s-a spus că Alvarez făcea parte dintr-o echipă a Serviciului Secret însărcinată cu protecția președintelui ales Goltari. În acea „tranzacție” propusă erau implicate șaisprezece tone de cocaină. Aceasta era total separată de „Operațiunea Snowcap”. În timpul discuțiilor din Panama, Alfredo Duncan, agentul DEA responsabil în Panama, a făcut cunoscut unui număr de agenți DEA d ă și agenți vamali că generalul Manuel Noriega era „un om al DEA”. Acest lucru a fost confirmat de cel puțin trei ori în scrisori de la John Lawn, șeful DEA din Washington.

Alți doi implicați alături de Alvarez erau bolivienii Ramon și Vargas, care dețineau un laborator de cocaină în Bolivia care producea în mod regulat 200 de kilograme de cocaină pe lună. În cele din urmă, agentul DEA „cumpărător”, un pilot contractat și un agent vamal au câștigat încrederea bolivienilor și au fost invitați să inspecteze facilitățile acestora adânc în jungla boliviană. Ceea ce au descoperit i-a lăsat uimiți.

Au descoperit șapte piste de aterizare capabile să primească avioane 747, lângă laboratoare subterane foarte mari și clădiri de sprijin, un complex uimitor, păzit de trupe puternic înarmate. Tranzacția în care erau implicați prevedea achiziționarea a 5000 de tone de cocaină. Cu toate acestea, în toți anii în care „Snowcap” a funcționat, DEA nu s-a apropiat nici măcar de facilitățile boliviene.

Când agentul sub acoperire i-a întrebat pe Ramon și Vargas dacă nu se temeau de „Operațiunea Snowcap”, aceștia au râs pur și simplu. Ramon și Vargas aveau motive întemeiate să fie plini de veselie. „Operațiunea Snowcap” era un coșmar birocratic. Tot echipamentul greșit fusese trimis în Bolivia, cea mai mare parte fiind inutilă, și multe alte „greșeli”, a spus Vargas. Nimeni din Bolivia nu era deloc îngrijorat de „Operațiunea Snowcap”. Aeronavele alocate „Snowcap” nu aveau autonomia necesară pentru a ajunge la facilitățile din junglă, iar cele câteva elicoptere erau complet inadecvate pentru misiune. A fost aceasta doar o altă „greșeală" dintre multe altele?

Nu cred că a fost doar o gafă birocratică. Din informațiile pe care le-am adunat, s-ar părea că aceste „greșeli" au fost sabotaje deliberate. În primul rând, puterea de foc a agenților DEA nu putea spera să se ridice la nivelul capacităților de tip militar ale „Corporației".

În 1988, DEA a cheltuit o sută de milioane de dolari pe „Operațiunea Snowcap". Ce am obținut în schimb? Aproximativ cincisprezece mii de kilograme de cocaină și cocaină parțial procesată!

Acum, deși acest lucru poate părea mult, comparativ cu capacitățile de producție ale „Corporației", a fost doar o picătură în ocean. Amintiți-vă, cele cincisprezece mii de kilograme reprezentau mai puțin de trei luni de producție boliviană de cocaină. De ce nu am ieșit pur și simplu să cumpărăm cocaina la un preț mult mai ieftin – ceea ce am fi putut face – așa cum agentul sub acoperire îi implorase pe toți cei de la Washington să-i permită să facă?

Răspunsul este că DEA a refuzat să pună banii pentru o achiziție care nu numai că ar fi adus o cantitate uriașă de cocaină complet procesată, dar și patru dintre directorii executivi de vârf ai „Corporației" boliviene. De asemenea, ar fi furnizat Statelor Unite dovada de care până atunci nu dispuneau cu privire la implicarea guvernului mexican la cel mai înalt nivel.

- De ce a refuzat DEA să pună banii?
- De ce procurorul adjunct al Statelor Unite din San Diego a refuzat să aprobe o interceptare telefonică,

care l-ar fi prins în capcană pe generalul mexican Poblano Silva, pe care Giron era pe punctul de a-l suna și de a-l implica într-o achiziție masivă de cocaină?

- De ce procurorul general Edwin Meese l-a sunat pe procurorul general mexican la numărul și l-a avertizat cu privire la operațiunea DEA care urma să aibă loc și care ar fi dus la implicarea generalului Poblano Silva într-un complot major de distribuție de cocaină din Bolivia?
- Se spune că comisarul vamal William von Raab și-a dat demisia, dezgustat de avertismentul telefonic al lui Meese. Și ce se întâmplă cu „războiul nostru împotriva drogurilor" din Columbia?

Cum s-au descurcat SUA acolo? Răspunsul este că ne-am descurcat mult mai prost în Columbia decât oriunde altundeva pe Pământ, în ciuda faptului că am investit milioane de dolari în „războiul împotriva drogurilor" doar în această țară. Președintele G.H.W. Bush nu a făcut nimic semnificativ în Columbia. Pe 25 februarie 1991, președintele columbian Cera Gaviria a declarat că guvernul său urma să poarte discuții de pace cu traficanții de droguri și prietenii lor teroriști.

Așa-numitele „inițiative de pace" nu sunt altceva decât o capitulare completă în fața cererilor baronilor columbieni ai drogurilor. Nu se va mai vorbi despre extrădarea în Statele Unite. Acest lucru a reieșit dintr-o vizită de cinci zile a lui Gaviria la Washington, în timpul căreia administrația Bush și-a dat aprobarea pentru această trădare în fața baronilor cocainei. Bush a numit planul „curajos și eroic". Anii petrecuți în strângerea de dovezi concrete împotriva baronilor drogurilor sunt acum fără valoare; acestea au fost compromise în așa fel încât nu vor putea fi folosite niciodată în instanță.

Bobby Seale, printre alții, a murit în zadar. Cu aprobarea administrației Bush, gherilele M19 (teroriștii FARC și ELN și șefii lor din industria cocainei) dețineau controlul deplin asupra a 33 de delegați care lucrau la elaborarea unei noi constituții pentru Columbia. În total, aproximativ 77 de delegați au fost însărcinați cu această responsabilitate.

Baronii cocaină râdeau deschis de DEA și de Serviciul Vamal al SUA, și nu e de mirare. Acum vor avea o zi de sărbătoare în Columbia, fără să se teamă prea mult de guvernul lor impotent și cu atât mai puțin de Washington. Conform unui exemplar al ziarului *El Spectator* din 18 februarie 1992, pe care l-am primit și l-am tradus din spaniolă, acest ziar pare a fi singurul cu suficient curaj să se pronunțe împotriva trădării Gaviria-Bush:

> Sub presiunea șantajului și a criminalității, statul se abține de la exercitarea responsabilității sale fundamentale de a proteja viața umană și, în schimb, acceptă să renunțe, unul câte unul, la principiile juridice care stau la baza însăși existenței statului.

Afirmația lui Bush privind victoria în „războiul împotriva drogurilor" inexistent este înșelătoare. Dacă nu ar fi o chestiune atât de serioasă, statisticile administrației ar fi o glumă proastă. În februarie 2004, administrația Bush a publicat raportul Strategiei Naționale de Control al Drogurilor, pregătit de noul șef al luptei împotriva drogurilor de la Casa Albă, fostul guvernator al Floridei, Bob Martinez. Martinez a obținut postul după ce William Bennett a pierdut războiul cu procurorul general Thornburgh. Acesta este doar unul dintre miile de cazuri de numiri pe bază de prietenie.

Fostul guvernator John Ellis Bush (Jeb Bush), fiul lui G.W.H. Bush și fratele lui George W. Bush, a făcut parte din echipa fostului guvernator Martinez în calitate de secretar pentru comerț. Jeb Bush se afla, de fapt, într-o situație extrem de delicată, care nu a ieșit niciodată la iveală. Numele său apărea într-un raport privind vânzarea de cocaină către guvernul nicaraguan, raport pe care locotenent-colonelul North nu l-a crezut – și pe care a reușit să-l mușamalizeze. Documentul Bush, plin de erori, este plin de statistici falsificate. Agenții DEA d, l-au numit în particular „gunoi absolut".

Când John Lawn era încă șeful DEA, el și agenții săi obișnuiau să se distreze pe seama declarației lui Reagan că războiul împotriva drogurilor „a trecut de punctul critic". John Lawn nu mai este, dar amintirea dezastrului persistă. Administrația Bush a indicat cu mândrie pachetul de ajutor de urgență de 65 de milioane de dolari pentru „războiul împotriva drogurilor" din Columbia.

Generalul-maior Miguel Gomez Padilla, din cadrul Forțelor de Poliție Naționale din Columbia, a declarat că s-a trimis echipamentul greșit și că pachetul de ajutor era bun pentru războiul convențional, dar total inutil „în tipul de război pe care îl ducem noi".

Poate America să fie atât de proastă? Nu cred. Este mai probabil ca ceea ce s-a întâmplat cu pachetul de ajutor pentru Columbia să fi fost un act de sabotaj planificat în mod deliberat.

După douăzeci de ani de experiență în războiul columbian

împotriva drogurilor, ne-am fi așteptat ca guvernul nostru să fi acumulat suficientă înțelegere pentru a ști ce fel de echipament este necesar. Rapoartele privind strategia de control al drogurilor nu au oferit nicio informație cu privire la disponibilitatea drogurilor, nici la numărul de consumatori confirmați. De asemenea, nu au abordat cea mai crucială problemă dintre toate: urmărirea consumatorului, pe care agenții sub acoperire ai DEA o susțin de mult timp ca fiind cea mai probabilă tactică de succes.

Nu e de mirare că guvernul SUA spune foarte puține lucruri despre creșterea uriașă a consumului de droguri! Având în vedere că marijuana este acum cea mai profitabilă cultură în 37 de state, cum va fi oprit acest „comerț"? Va fi interesant să vedem ce se va întâmpla când marijuana fără semințe, de calitate superioară, numită „sinsemellia" de către, va începe să fie cultivată în SUA.

Atâta timp cât prețul cocainei depășește prețul aurului (5000 de dolari pe kilogram) și atâta timp cât prețul heroinei este de șase ori mai mare decât cel al unei greutăți echivalente de aur, comerțul cu droguri nu va fi eradicat, cel puțin nu cu corupția de la vârf care se răspândește pe toate nivelurile agențiilor de combatere a drogurilor.

DEA este cuprinsă de conflicte. Înființată în 1973 de președintele Nixon pentru a evita conflictele interinstituționale dintre Biroul pentru Narcotice și Droguri Periculoase și Biroul Vamal, astăzi există mai multă gelozie și conflicte între Vamă și DEA decât oricând. Moralul este inexistent. Încotro mergem de aici? Nu că vreo reorganizare ar mai schimba ceva. Atâta timp cât problema nu este abordată de sus în jos, toate eforturile de a reduce afluxul de droguri în Statele Unite vor eșua. Pentru un război adevărat, persoanele de la vârful celor mai înalte funcții din țară trebuie lovite, și lovite tare. Nu am nicio idee cine va fi suficient de curajos să-și asume această sarcină, dar cu siguranță avem nevoie de un lider neînfricat.

Administrația a pierdut controlul; nu cunoaște amploarea problemei drogurilor din țară. Rețeaua de Avertizare privind Abuzul de Droguri (Drug Abuse Warning Network) raportează că supradozele de droguri nu sunt în scădere, așa cum susține administrația Bush; mai degrabă, acestea nu au fost raportate în mare parte deoarece bugetele spitalelor au fost atât de drastic reduse încât nu există bani pentru a angaja personalul necesar pentru a monitoriza cazurile de supradoză.

Și ce se întâmplă cu Panama, de când răpirea generalului Noriega a făcut teritoriul sigur pentru traficul de droguri? Îmi amintesc că, în 1982, am raportat că Banco Nacional de Panama și-a mărit fluxul de numerar în dolari cu aproape 500%, conform statisticilor furnizate de Departamentul Trezoreriei SUA. Aproximativ 6 miliarde de dolari în bani nedeclarați au plecat din SUA către Panama numai în acel an. Sursele mele spun că, de la răpirea generalului Noriega, Banco Nacional de Panama a atins un nivel record în ceea ce privește fluxul de numerar. Acest lucru ar fi trebuit să îngrijoreze administrația Bush, dar au existat puține semne de îngrijorare, dacă au existat vreunele, din partea Casei Albe.

Structura bancară din Panama a fost înființată de Nicolas Ardito Barletta. Barletta era acceptabil deoarece conducea anterior Marine and Midland Bank, care a fost preluată de banca bancherilor traficanților de droguri, Hong Kong and Shanghai Bank. Barletta are toată experiența necesară în gestionarea unor sume foarte mari de bani proveniți din droguri. Când Noriega l-a supărat pe Barletta, atunci administrația Bush a făcut mișcarea pentru a scăpa de general.

Sub falsul pretext al „comerțului liber", am asistat la o creștere alarmantă a volumului de droguri disponibile în SUA. Cocaina nu a fost niciodată atât de ieftină ca acum și nici nu a fost vreodată atât de ușor de procurat. Unul dintre cei mai importanți promotori ai „comerțului liber" este Societatea Mont Pelerin. Este foarte păcat că atât de mulți patrioți de dreapta sunt încă păcăliți de această organizație.

Nu pretind că știu care sunt răspunsurile la teribila amenințare reprezentată de traficul de droguri. Un lucru știu însă: va trebui să se ia măsuri urgente și drastice, pentru că, chiar în timp ce scriu această carte, există forțe puternice la lucru care încearcă să convingă poporul american că soluția la problema drogurilor este legalizarea acestora. Nu cred asta nici măcar o clipă. Legalizarea consumului de droguri va transforma America într-o națiune de dependenți de droguri, la fel cum Compania Britanică a Indiilor de Est a transformat chinezii într-o națiune de dependenți de opiu. Poate că asta este ideea; la urma urmei, descendenții Companiei Britanice a Indiilor de Est și partenerii lor yankei de sânge albastru sunt cei care conduc spectacolul. În ceea ce privește „războiul împotriva drogurilor", acesta nu a demarat niciodată. A fost întotdeauna și va rămâne întotdeauna un război fals împotriva drogurilor.

Panama under Siege este cea mai importantă dezvăluire a comerțului cu droguri de sus în jos pe care am scris-o vreodată. Cu toate acestea, din păcate, nu a primit atenția pe care o merită, probabil pentru că titlul spune puțin despre conținut. Dacă aveți nevoie să fiți convinși că Războiul împotriva drogurilor al lui Bush a fost un război fals, atunci citiți următorul capitol. Veți descoperi că războiul împotriva drogurilor în Panama este inexistent, la fel ca aici, în Statele Unite. Departamentul de Stat al SUA are propriul serviciu de informații privind narcoticele.

Periodic, acesta publică rapoarte entuziaste despre cum se descurcă în „războiul împotriva drogurilor". Raportul Departamentului de Stat privind Panama este tipic pentru ipocrizia afișată de administrația Bush. În raportul său, Departamentul de Stat indică țările care au fost „certificate" ca luptătoare împotriva drogurilor, iar aceste țări primesc apoi fonduri de la guvernul SUA în acest scop. Chiar recent, Panama a fost „certificată" ca țară care luptă împotriva drogurilor și, astfel, a avut dreptul la o subvenție din partea SUA. Vă vine să credeți? Adevărul este că, de la îndepărtarea forțată a generalului Noriega, Panama este un refugiu sigur pentru traficanții de droguri și băncile lor de spălare a banilor. Cu toate acestea, comunicatul Departamentului de Stat spune că

> „în anii care au urmat acțiunii militare care l-a îndepărtat pe generalul Noriega, Panama s-a alăturat efortului internațional de combatere a drogurilor".

Guvernul Endara a luat măsuri importante împotriva spălării de bani, a realizat confiscări record de droguri și a încheiat acorduri importante de control al narcoticelor cu guvernul SUA.

Aceasta este o absurditate totală, nealterată, flagrantă. Acest raport extrem de defectuos dovedește tocmai că Războiul împotriva drogurilor al lui Bush nu are nicio valoare, iar falsitatea lui devine și mai evidentă când luăm în considerare faptul că, timp de ani de zile, nu s-a făcut nimic pentru a opri traficul de droguri sirian și rafinarea heroinei în Valea Bekka din Liban, până acum câţiva ani, când, ca urmare a plângerilor din partea Israelului – care nu erau legate de comerţul cu droguri, ci de probleme de securitate – trupele siriene s-au retras din Valea Bekka.

Capitolul patru

Panama sub asediu

Pentru a înțelege clar ce se întâmplă în Panama – o zonă vitală pentru securitatea națională și interesele comerciale ale Statelor Unite ale Americii – trebuie să ne întoarcem la comerțul cu droguri centrat în Hong Kong. De când britanicii au stabilit Hong Kongul ca punct de tranzit pentru comerțul cu heroină, orașul a căpătat o importanță care contrazice imaginea sa mai cunoscută, legată de televiziune și textile.

Dacă Hong Kong ar fi fost doar un centru comercial obișnuit, nu ar fi existat acolo o piață a aurului în plină expansiune. Însă vechile familii aristocratice oligarhice din Anglia și-au clădit averile colosale din transportul de opiu din Bengal către China. Iar plata se făcea întotdeauna în aur.

Britanicii și vechile familii americane din Estul Liberal, strâns legate între ele, precum și rețeaua lor de firme de avocatură venerabile de pe Wall Street, bănci, case de brokeraj și de investiții de familie, au făcut același lucru Statelor Unite pe care l-au făcut Chinei și, într-o măsură mai mică, lumii occidentale. Pe măsură ce „comerțul" american cu cocaină a început să depășească comerțul cu heroină, Panama a crescut până a devenit cea mai importantă zonă bancară protejată din lume, un refugiu sigur pentru uriașele valuri de bani care inundau țara.

Oamenii de la Hollywood au transformat cocaina într-un „drog recreativ" și i-au popularizat consumul, la fel cum au glorificat whisky-ul de contrabandă în timpul „anilor nebuni" din relatările ficționalizate despre cât de la modă era să bei băutura lui Bronfman, care se revărsa în SUA din Canada. Baronii alcoolului de odinioară au devenit baronii drogurilor de astăzi. Nu s-a schimbat prea mult, cu excepția faptului că mecanismele de distribuție și ascundere au devenit mult mai sofisticate. Nu mai există mitraliere Thompson, nu mai există mafioți zgomotoși în ținute care ne-ar face să roșim. Toate acestea au dispărut — astăzi este imaginea distinsă a sălilor de consiliu și a cluburilor exclusiviste din Londra, New York, Hong Kong, Las Vegas și a localurilor din Nisa, Monte Carlo și Acapulco. Oligarhia păstrează în continuare o distanță discretă față de servitorii lor; de neatins, senini în palatele și puterea lor.

Protocolul este încă acolo, la fel ca și crimele. Încă mai vedem mafia cocainei „executând" în mod obișnuit, adică ucigând în maniera lor inconfundabilă, pe cei pe care îi consideră trădători. Victima este dezbrăcată de lenjerie, cu mâinile legate, legată la ochi și împușcată o dată în partea stângă a capului. Aceasta este „marca înregistrată" a ucigașilor de cocaină; un avertisment pentru ceilalți să nu încerce să fugă cu banii sau drogurile lor, sau să înceapă o afacere pe cont propriu. Cei isteți care reușesc să scape de glonțul asasinului sunt pur și simplu denunțați autorităților.

Cea mai mare parte a ceea ce se numește „capturi de droguri" provine din informații furnizate de marii traficanți de droguri pentru a-i scoate din afaceri pe noii veniți, pe independenți. Protecția la nivel înalt nu funcționează întotdeauna când „șefii" sunt jefuiți, așa cum a aflat fiul de 25 de ani al generalului Ruben Dario Paredes, fost șef al Gărzii Naționale din Panama și dușman înverșunat al generalului Manuel Noriega; el a sfârşit într-un mormânt din Columbia, „îmbrăcat" de ucigașii cocainelor, cu o gaură de glonț în tâmpla stângă.

Nici măcar poziția tatălui său nu l-a putut proteja de mânia șefilor cartelului de cocaină. Cu guvernul chinez care exercita presiuni puternice pentru o felie mai mare din tortul opiului/heroină și cerând un control mai mare asupra comerțului lucrativ cu aur și opiu din Hong Kong, controlorii britanici de la nivel înalt au început să promoveze Panama ca o „alternativă" pentru operațiunile lor bancare. Nu că Panama ar înlocui vreodată Hong Kong-ul; în realitate, Hong Kong controlează comerțul cu opiu/heroină, în timp ce Panama controlează comerțul cu cocaină – dar cele două se suprapun într-o măsură considerabilă.

Cititorii ar trebui să înțeleagă despre ce vorbesc aici. Nu vorbesc despre companii care nu se ridică la înălțimea așteptărilor, nu vorbesc despre companii care uneori înregistrează pierderi considerabile, cum ar fi, de exemplu, „sigurul" și frumosul General Motors, care nu se ridică întotdeauna la înălțimea așteptărilor. Nu, vorbesc despre o entitate gigantică care realizează întotdeauna profituri uriașe, an după an, și care nu-și dezamăgește niciodată „investitorii".

În 2007, comerțul offshore cu droguri a depășit 500 de miliarde de dolari pe an și crește anual. În 2005, cifra a fost estimată la 200 de miliarde de dolari de către DEA, o rată de „creștere" deloc rea pentru o „investiție" relativ mică. Această sumă uriașă de bani rămâne în afara legilor tuturor țărilor, întrucât traversează frontierele internaționale fără a fi pedepsită. Se desfășoară afacerea cu droguri în stil „contrabandă"? Oare bărbați cu înfățișare sinistră călătoresc cu valize pline cu bancnote de 100 de dolari?

Se întâmplă în rare ocazii, dar în principal afacerea cu droguri poate fi desfășurată numai cu cooperarea conștientă și voluntară a băncilor internaționale și a instituțiilor financiare aliate acestora. Este într-adevăr atât de simplu. Închideți băncile drogurilor, iar comerțul cu droguri va începe să se epuizeze pe măsură ce agențiile de aplicare a legii se vor năpusti asupra baronilor drogurilor, împinși în lumină prin faptul că sunt forțați să folosească metode alternative disperate și, pentru ei, periculoase. Cu alte cuvinte, închideți vizuinile șobolanilor și va fi mai ușor să scăpați de rozătoare. Deși este satisfăcător să observăm că, din când în când, autoritățile efectuează arestări legate de droguri și confiscă cantități mari de droguri, acestea reprezintă doar o picătură în ocean în comparație cu volumul total. Acestea au loc ca urmare a denunțării concurenților „neînregistrați". Astfel de „rețete" reprezintă mult mai puțin decât proverbialul vârf al aisbergului. Și cu sistemele lor private de informații, adesea mult mai sofisticate decât cele ale majorității țărilor mai mici, marii baroni ai drogurilor și bancherii lor sunt de obicei cu câteva pași înaintea agențiilor de aplicare a legii.

Calea către combaterea cu succes a amenințării drogurilor, care reprezintă un pericol mai mare pentru civilizație decât a fost Moartea Neagră din Evul Mediu, trece prin holurile marmorate și sălile bancare frumos decorate ale lumii. Abordăm problema din unghiul cel mai dificil. Încercăm să-i prindem pe operatori, în loc să-i urmărim pe finanțatori. Băncile britanice controlează de secole operațiunile bancare offshore legate de droguri, așa cum au controlat, de altfel, comerțul cu diamante și aur, ambele strâns legate de comerțul cu heroină.

De aceea regina Victoria a trimis cea mai puternică armată din lume la acea vreme (1899) pentru a zdrobi cele două mici republici burice din Africa de Sud; pur și simplu pentru a obține controlul asupra aurului și diamantelor lor, pe care lordul Palmerston, Sir Alfred Milner și Joseph Chamberlain le-au văzut ca o modalitate excelentă de a-și finanța afacerile în mod e, fără posibilitatea de a urmări plățile până la sursă. Acesta este încă mijlocul prin care comerțul cu heroină din Hong Kong este finanțat în mare parte. La urma urmei, aurul și diamantele sunt impersonale.

Acest lucru explică de ce regina Elisabeta era, de cele mai multe ori, în conflict cu doamna Thatcher în privința chestiunilor politice. Regina dorea sfârșitul guvernului sud-african și al pozițiilor sale antidrog. Regina dorea să-l trimită pe domnul Furhop acolo pentru a conduce lucrurile așa cum le conduce pentru ea în Rhodesia (acum Zimbabwe). Furhop este numele real al mesagerului ei de la curte, mai cunoscut sub numele de „Tiny" Rowland, care conduce gigantul conglomerat LONRHO, al cărui principal acționar este ea prin intermediul lui Angus Ogilvie, vărul ei primar. Într-un anumit sens, Africa de Sud și Panama erau amândouă asediate din aceleași motive.

Sud-africanii stăteau în calea preluării tezaurului lor de aur și diamante de către oligarhia aristocratică, iar în cazul Panama, prețiosul lor secret bancar era distrus de generalul Noriega. Este puțin probabil ca puterile existente să accepte aceste eșecuri fără să riposteze! Pentru a da o idee despre ce este în joc în Panama, DEA estimează că aproape 350 de milioane de dolari pe zi schimbă proprietarii prin transferuri bancare telegrafice. Aceasta se numește „bani interbancari". Aproximativ 50% din banii interbancari provin din comerțul cu droguri și se îndreaptă către Insulele Cayman, Bahamas, Andorra, Panama, Hong Kong și băncile elvețiene care gestionează acest vast flux de bani. Ca o consecință a comerțului cu droguri, trebuie să ne confruntăm cu povara „cursurilor de schimb flotante".

Acest efect destabilizator a fost provocat de volumul uriaș de numerar, pe care sistemul nostru nu a fost conceput să-l gestioneze; nu există nicio posibilitate ca ratele de schimb fixe să poată gestiona transferul vast și rapid de bani în cadrul parităților fixe din întreaga lume într-o singură zi. „Economiștii" ne-au vândut o poveste falsă când au aprobat politica cursurilor de schimb „flotante" și au inventat tot felul de jargon economic pentru a acoperi adevăratul motiv, și anume – fluxul uriaș de bani proveniți din droguri!

Având în vedere că o mare parte din acești bani se îndrepta spre Panama, era necesar să existe un om de încredere în Panama, care să poată păstra secretul bancar cel mai strict. DEA estimează că 3 miliarde de dolari pe an dispar doar din SUA și ajung în Panama. Coudert Brothers, „avocații mafiei" pentru establishmentul liberal din est, s-au pus pe treabă prin intermediul lui Sol Linowitz, un mesager de încredere al „olimpienilor". El l-a creat pe generalul Omar Torrijos și l-a ambalat și vândut poporului american ca „naționalist panamez". Ștampila „creat de David Rockefeller" a fost ascunsă cu grijă de marea majoritate a poporului american.

Datorită trădării unor slujitori corupți ai CFR din Senat, oameni precum Dennis De Concini și Richard Lugar, Panama a ajuns în mâinile generalului Torrijos, costând contribuabilii americani milioane de dolari. Dar Torrijos, la fel ca mulți dintre noi, muritorii de rând, a uitat repede cine era „creatorul" său, iar zeii Olimpului au fost nevoiți să-l elimine de pe scena politică. Torrijos a fost asasinat în mod corespunzător în august 1981. Aparent, a murit într-un accident de avion, care seamănă foarte mult cu tipul de „accident" care l-a răpus pe fiul lui Aristotel Onassis.

Ceea ce s-a întâmplat a fost că o persoană sau persoane necunoscute au modificat mecanismul flapsurilor aripilor, astfel încât, atunci când au fost coborâte pentru aterizare, acestea au făcut de fapt avionul să zboare în sus. Torrijos a fost inițial ales personal de Kissinger d, în maniera cu care suntem obișnuiți acum. Când a început să-și ia în serios rolul de „naționalist" panamez, în loc să fie o marionetă a ventrilocului, a trebuit să dispară. Kissinger s-a numit singur în fruntea Comitetului bipartizan al președintelui pentru America Centrală; o altă promisiune încălcată de Reagan. Acest lucru i-a întărit controlul asupra Panama, sau cel puțin așa credea el.

Trebuie să privim Panama prin ochii calului troian, adică trebuie să privim America Centrală așa cum o vedea planul lui Kissinger pentru Anzi, un câmp de luptă pentru mii de soldați americani. Ordinele lui Kissinger erau să declanșeze un alt „război din Vietnam" în regiune. Panama era esențială pentru plan. Dar Torrijos avea alte idei. El voia să se alăture Grupului Contadora, care căuta să aducă stabilitate și soluții la sărăcia din regiune prin progres industrial real. Acum, nu sunt angajat față de Contadoras; sunt multe domenii în care nu sunt de acord cu ei. Dar nu se poate nega că Contadoras, în mare parte, sunt angajați să combată economia drogurilor planificată pentru America Centrală, pe modelul economiei Ganja din Jamaica.

Această așa-numită idee de „comerț liber" este susținută de membrii Societății Mont Pelerin, în special de Cisneros din Venezuela și de Fundația Cini din Veneția. Din acest motiv și pentru că a amenințat că va dezvălui structura bancară a familiei Rockefeller din Panama, Torrijos a fost „imobilizat permanent”, termen folosit în limbajul serviciilor secrete pentru a descrie o crimă.

Așa cum am spus mai înainte, nu vorbim despre traficanți mărunți sau vânzători de stradă, pe care Hollywoodul se delectează să-i înfățișeze ca fiind comerțul cu droguri. Vorbim despre bănci și instituții financiare majore; vorbim despre oameni de vârf; vorbim despre națiuni care susțin și adăpostesc baronii drogurilor, țări precum Cuba; și vorbim despre o organizație inter ă atât de puternică și de influentă încât a îngenuncheat o țară întreagă, Republica Columbia.

Voi scrie despre complicitatea Departamentului de Stat al SUA în împiedicarea războiului împotriva drogurilor. Voi vorbi despre răspunsul incredibil de stupid al lui Nancy Reagan, „Just Say No”, la această amenințare. În comparație cu ceea ce se întâmplă astăzi, volumul de heroină care circula prin „French Connection” era o nimica toată. Cu toate acestea, nu trebuie să pierdem niciodată din vedere faptul că fostul președinte Richard Nixon a fost singurul președinte care a abordat cu fermitate amenințarea drogurilor care punea în pericol SUA. „French Connection” a fost o inițiativă a lui Nixon de la început până la sfârșit. Pentru îndrăzneala sa de a combate traficul de droguri de sus în jos, a fost demis din funcție, discreditat, ridiculizat și umilit prin scandalul Watergate, ca o lecție și un avertisment pentru alții care ar dori să-i urmeze exemplul. Prin comparație, „războiul împotriva drogurilor” al președintelui Reagan a fost doar un răspuns care s-a risipit în vânt! „Cercul inițiaților”, care a fondat Institutul Regal pentru Afaceri Internaționale, nu și-a schimbat direcția. Merită repetat faptul că traficul de droguri este controlat ferm de descendenții și familiile care s-au căsătorit între ele și care alcătuiesc membrii acestei societăți secrete, care își pot urmări descendența până la lorzii Alfred Milner, Gray,

Balfour, Palmerston, Rothschild și alții aflați în vârful nobilimii din Debrett's Peerage și din America's Social Register.

Băncile lor și băncile americane nu sunt de neglijat. De fapt, băncile mai mici au fost eliminate sau sunt în curs de a fi eliminate cu ajutorul conștient sau poate inconștient al Departamentului Trezoreriei SUA. Acest lucru este deosebit de evident în Florida, unde, începând din 1977, bănci mari precum Standard and Chartered Bank și Bank Hapolum, binecunoscute ca bănci implicate în spălarea banilor murdari proveniți din droguri, s-au mutat în Florida, unde se desfășura „acțiunea" d. „Băieții mari" au început apoi să denunțe băncile mici folosite de micii traficanți independenți de cocaină. Amintiți-vă, monopolistii drogurilor au propria lor rețea de informații extrem de eficientă. Trezoreria a urmărit băncile mici, dar le-a lăsat în pace pe cele mari. Când băncile mari sunt prinse, ceea ce s-a întâmplat în câteva ocazii, sunt tratate într-un mod extrem de indulgent.

Luați ca exemplu cazul Credit Suisse din Geneva și First Bank of Boston. Această bancă, cea mai venerabilă din Boston, a fost prinsă în flagrant spălând bani proveniți din droguri, în colaborare cu Credit Suisse. Au fost formulate aproximativ 1200 de acuzații separate împotriva First National. Departamentul de Justiție a combinat acuzațiile într-o singură acuzație, iar banca a primit o pedeapsă ușoară, sub forma unei amenzi mizerabile de 500 de dolari! Credit Suisse nu a fost urmărită de Departamentul de Justiție sau de Trezorerie! Credit Suisse rămâne una dintre cele mai mari și mai eficiente bănci de spălare a banilor proveniți din traficul de droguri după American Express — „intocmabilii" lumii bancare.

Alte bănci importante implicate în afacerea lucrativă a banilor murdari proveniţi din droguri au fost National Westminster, Barclays, Midlands Bank şi Royal Bank of Canada. Royal Bank of Canada şi National Westminster Bank au fost principalii bancheri ai baronilor drogurilor din Insulele Caraibe, în cadrul mult lăudatei „Iniţiative a Bazinului Caraibelor" a lui David Rockefeller. Acţionând prin intermediul FMI, Kissinger a ordonat Jamaicăi să cultive o recoltă de ganja (marijuana) în regim de „liberă întreprindere", care astăzi reprezintă cea mai mare parte a veniturilor din schimb valutar ale Jamaicăi. Acelaşi lucru s-a întâmplat şi în Guyana, motiv pentru care Jim Jones s-a mutat acolo — cu excepţia faptului că Jones nu era conştient de adevăratul scop al manipulatorilor săi. Ca parte a unui experiment masiv de spălare a creierului de tipul celui de la Vacaville, Jones nu şi-a atins niciodată obiectivul. A murit într-o ignoranţă totală d e faţă de cei care îl manevrau.

Jamaica este doar una dintre ţările conduse cu bani din droguri. Când era la conducerea Jamaicăi, Edward Seaga a declarat destul de sfidător ziarelor americane, în special Washington Post, că, fie că este acceptat sau nu, „industria, ca atare, este aici pentru a rămâne. Pur şi simplu nu este posibil să o elimini". Nu am nimic de obiectat în privinţa afirmaţiei „va rămâne aici". Folosind „muzica" rock and roll ca vehicul pentru răspândirea „drogurilor recreative" şi protejată la cele mai înalte niveluri, comerţul cu droguri pare într-adevăr destinat să continue.

Asta nu înseamnă că nu poate fi eliminat. Primii paşi într-un program de eradicare ar fi, în opinia mea, atacarea băncilor sale principale şi adoptarea unei legislaţii care să facă din vânzarea muzicii rock and roll în toate formele sale — casete, discuri etc. şi promovarea concertelor rock — o infracţiune penală pedepsită cu pedepse severe cu închisoarea.

Ca una dintre consecinţele „războiului măcel" dintre Iran şi Irak, vânzarea de heroină din care se obţine diacetilmorfină a crescut vertiginos. Cea mai mare parte a veniturilor din acest comerţ a ajuns în băncile din Panama, „suprapunerea" cu Hong Kong, pe care am menţionat-o mai devreme.

În Iran există oficial 2,6 milioane de dependenţi de heroină, dintre care 1,5 milioane se află în armată, unde soldaţii dependenţi pot obţine drogul la cerere. Ne amintim că oligarhia britanică a încercat aceeaşi strategie în timpul Războiului Civil american, dar nu a avut succes. Banii proveniţi din heroină nu numai că au alimentat Războiul din Golf, ci alimentează şi grupările de „luptători pentru libertate", un termen folosit de George Shultz pentru a descrie Congresul Naţional African (ANC), separatiştii basci (ETA), Armata Republicană Irlandeză (IRA), mişcarea separatistă sikhă d, kurzii şi alţii. Fondurile, provenite din vânzarea de opiu şi cocaină, sunt canalizate către aceste organizaţii teroriste prin intermediul Consiliului Mondial al Bisericilor.

Din cele de mai sus devine clar de ce Panama este atât de importantă pentru forţele supranaţionale ale „Lumii Unice". Sistemul bancar din Panama a fost înfiinţat de David Rockefeller pentru a fi un depozitar bancar convenabil pentru banii proveniţi din comerţul cu droguri. Panama a fost desemnată centrul bancar pentru cocaină, în timp ce Hong Kong a rămas centrul pentru heroină şi opiu. Sistemul bancar din Panama a fost restructurat conform planului lui Rockefeller de către Nicholas Ardito Barletta, fost director al Băncii Mondiale şi director al Marine Midland Bank, care a fost preluată de regele băncilor de droguri, Hong

Kong and Shanghai Bank. Barletta a fost acceptat datorită imaginii sale „respectabile” și experienței în gestionarea unor sume uriașe de bani proveniți din droguri. În 1982, Departamentul Trezoreriei a estimat că Banco Nacional de Panama își crescuse fluxul de numerar în dolari cu aproape 500% între 1980 și 1984. Aproximativ 6 miliarde de dolari în bani nedeclarați au plecat din SUA către Panama doar în această perioadă de patru ani.

Fostul președinte al Peru, Alan Garcia, care a condus un război total împotriva baronilor drogurilor, s-a adresat Națiunilor Unite pe 23 septembrie 1998 cu privire la acest subiect și a enumerat succesele și victoriile Peru în războiul împotriva drogurilor. El a continuat spunând:

> Am putea, așadar, să întrebăm administrația americană dacă, dacă noi am reușit asta în cincizeci de zile, ce face ea pentru drepturile omului ale individului care se prăbușește în Grand Central Station și în atâtea alte locuri, și când va lupta, în mod legal și creștin, pentru eradicarea consumului?

Răspunsul doamnei Nancy Reagan a fost „Spuneți pur și simplu nu”, dar acesta nu este un răspuns la acuzația implicită a președintelui Garcia că SUA nu fac tot ce le stă în putință pentru a eradica blestemul drogurilor. Cu toate acestea, atât de mulți așa-numiți „economiști” încă cer legalizarea acestei afaceri josnice în numele „comerțului liber”.

Printre aceștia se numără Diego Cisneros, membru al Societății Mont Pelerin, un așa-zis organism conservator care promovează teoria „comerțului liber”. După asasinarea lui Omar Torrijos în august 1961 (el a fost asasinat pentru că a ales să ignore ordinele lui Henry Kissinger și dădea semne puternice că va acționa pe cont propriu), omul puternic, generalul Rueben Paredes, a preluat controlul asupra Panama. Dar, în februarie 1981, el a luat-o pe un drum greșit, amenințând că îl va expulza pe ambasadorul american din Panama pentru că s-a amestecat în afacerile interne ale țării. Kissinger i-a transmis atunci un mesaj lui Paredes.

Într-o uimitoare „schimbare de direcție", generalul Paredes a început brusc să susțină Planul Andin al lui Kissinger de a transforma America Centrală într-un alt Vietnam pentru armata SUA, abandonând sprijinul pentru politicile Contadora. Deși are multe defecte, în esență Grupul Contadora era conștient de „calul troian" al lui Kissinger în America Centrală și a încercat din greu să împiedice dezvoltarea unui conflict de tipul celui din Vietnam în regiune. Henry Kissinger și Departamentul de Stat al SUA îl promovaseră anterior pe Paredes ca fiind un „naționalist panamez, un prieten al Americii, anticomunist convins".

În cadrul unei vizite la Washington D.C. sponsorizate de Kissinger, Paredes a fost însoțit personal de Kissinger. La șase luni după asasinarea lui Torrijos, generalul Paredes a preluat comanda Gărzii Naționale. Ulterior, Paredes a lăudat deschis teroriștii FARC din Columbia, iar d, a sabotat eforturile de la Contadora de a ajunge la o soluție pașnică a problemelor din regiune. De asemenea, s-a străduit din greu să cultive prietenia cu Anulfo Arias, pe care Washington Post, New York Times și, surprinzător, senatorul Jesse Helms, l-au prezentat ca fiind moștenitorul de drept al conducerii Panama, a cărui poziție ar fi fost uzurpată de generalul Noriega. Ciudat, în timpul audierilor privind Tratatul Canalului Panama, șacalii din mass-media nu au spus nimic despre faptul că Torrijos a uzurpat poziția „de drept" a lui Anulfo Arias! S-au spus multe prostii despre faptul că Arias ar fi un „nazist" și, prin urmare, nedemn să conducă Panama. Acest gen de propagandă anti-germană nu merită niciun comentariu.

În ciuda execuției nemiloase, în stilul mafiei cocainelor, a fiului său de 25 de ani, împreună cu alți doi „parteneri de afaceri" panamezi, de către ucigași care lucrează pentru clanurile Ochoa și Escobar, Paredes a rămas loial baronilor drogurilor și rețelei lor bancare. Pierderea sprijinului panamez a fost o lovitură puternică pentru aspirațiile Contadoras. Aceasta însemna că Panama urma să rămână un centru „deschis" pentru finanțarea vânzărilor de arme către regiune, furnizate în special de Israel în baza unui acord încheiat între liderii locali și regretatul Ariel Sharon, un fost partener de afaceri al lui Kissinger.

Pe lângă amenințările pentru care Kissinger este notoriu, FMI a avut un rol în șantajarea lui Paredes. Sursele mele mi-au spus că Kissinger a dat de înțeles că acordul stand-by al FMI pentru restructurarea datoriei de 320 de milioane de dolari a Panamei s-ar putea să nu mai fie valabil dacă Paredes se certa cu stăpânul său. Paredes „a înțeles mesajul". FMI a început imediat o luptă cu generalul Noriega, care a declarat poporului panamez într-un discurs televizat din 22 martie 1986 că FMI sugrumă Panama.

Din păcate, președintele Eric Delville a susținut pachetele de austeritate ale FMI, menite să slăbească sprijinul sindicatelor pentru Noriega. Federația sindicală CONATO a început atunci să amenințe că va rupe legăturile cu generalul Noriega, dacă nu vor fi ignorate dictatele FMI.

Generalul Manuel Noriega, pe când era încă colonel Noriega, a fost șeful biroului antidrog din Panama și a luptat timp de zece ani pentru a menține Garda Națională din Panama ferită de pata corupției care urmează în urma banilor din droguri, la fel de sigur cum ziua urmează nopții. Având în vedere că familiile Ochoa și Escobar preluaseră practic controlul asupra Panama, aceasta nu a fost o realizare ușoară. Lupta lui Noriega împotriva drogurilor a fost confirmată de John C. Lawn, șeful Agenției pentru Combaterea Drogurilor (DEA). Lawn nu era cunoscut pentru discursuri înflorite sau pentru scrisori de laudă. Scrisoarea sa către generalul Noriega a fost, prin urmare, cu atât mai remarcabilă, cu cât îl lăuda fără rezerve.

Iată un fragment din acea scrisoare, care este reprezentativ pentru maniera și stilul în care este redactată:

> *Aș dori să profit de această ocazie pentru a-mi reitera profunda apreciere pentru politica viguroasă de combatere a traficului de droguri pe care ați adoptat-o, care se reflectă în numeroasele expulzări din Panama ale traficanților acuzați, în confiscările masive de cocaină și precursori chimici care au avut loc în Panama și în eradicarea cultivării de marijuana pe teritoriul panamez.*

Nici *Washington Post*, nici *New York Times* nu au considerat oportun să reproducă această laudă, care a apărut într-un ziar din Peru. Voi reveni mai târziu la subiectul DEA și John C. Lawn, datorită importanței sale vitale.

Singurul lucru pe care l-a făcut *Washington Post* pentru a contracara această mărturie elocventă a fost să publice informații false prin intermediul așa-zisului său „expert în servicii secrete", Seymour Hersh, care a scris un articol în care afirma că generalul Noriega era un „agent dublu" al CIA, furnizându-i informații primite din Cuba. Aceasta este o manevră binecunoscută celor care lucrează cu adevărat în serviciile secrete. Scopul unor astfel de „dezvăluiri" ar fi acela de a-i determina pe asasinii serviciului secret cubanez DGI să-l ucidă pe generalul Noriega sub pretextul că acesta „a trădat Cuba". Acest lucru ar distrage atenția de la banda lui Kissinger și a bancherilor, în cazul în care tentativa de asasinat ar avea succes. Informațiile și relatările lui Hersh nu au fost adesea foarte exacte, iar „dezvăluirea" privind Noriega ar trebui privită ca atare: o posibilă înscenare pentru o tentativă de asasinat asupra generalului Noriega.

Noriega a ripostat cu toate resursele modeste de care dispunea. Dar să se știe că orice mișcare împotriva traficului de droguri este plină de pericole.

Panama a fost un exemplu al tipului de contraacțiune pe care un inamic puternic este capabil să o organizeze. În Caraibe și Panama, forțele antidrog s-au confruntat cu un consorțiu format din firma de avocatură Coudert Brothers, reprezentată de Sol Linowitz. Printre alți membri ai consorțiului se aflau Fidel Castro, David Rockefeller, Henry Kissinger și Fondul Monetar Internațional (FMI), plus o serie de bănci de top și Departamentul de Stat al SUA. Planul Andes al lui Kissinger era blocat de generalul Noriega, iar acesta a fost criticat din cauza poziției sale antidrog. Rezultatul din Panama putea fi prevăzut. Inițiativa Bazinului Caraibelor a lui Rockefeller s-a rezumat la a-i oferi lui Fidel Castro un imperiu al drogurilor în valoare de cel puțin 35 de miliarde de dolari pe an, pe care acesta nu avea intenția să-l cedeze fără luptă.

În Columbia, David Rockefeller și Kissinger au creat „un stat în stat", unde Carlos Lederer — până la arestarea sa — era un cap al clanurilor Ochoa și Escobar, care practic conduceau întreaga țară. În centrul orașului Bogota, jumătate dintre magistrații orașului au fost executați de armata privată de gherilă MI9 a baronilor drogurilor, cunoscută și sub numele de (FARC).

Atacul a fost un act de anarhie pură, care a lăsat Columbia într-o stare de frică paralizantă. Ce se ascundea în spatele acestei activități frenetice, care, în realitate, era o revoluție? Pur și simplu — era vorba de bani, valuri și valuri de bani, care curgeau în paradisurile fiscale din Caraibe și Panama. DEA estimează că numai Columbia a depus în bănci 39 de miliarde de dolari în numerar între 1980 și 2006. DEA și Trezoreria considerau că Panama devenise capitala bancară a lumii cocainelor, iar eu nu contest această evaluare. În 1982, Departamentul Trezoreriei a declarat că Banco National de Panama devenise principala casă de compensare pentru banii proveniți din droguri, cu o creștere de șase ori a fluxului său de numerar între 1980 și 1988.

Până la venirea la putere a generalului Noriega, Panama era, de asemenea, locul de întâlnire preferat al baronilor traficului de droguri. Lopez Michelson, care s-a oferit să achite datoria externă a Columbiei din veniturile obținute din cocaină dacă guvernul columbian ar „legaliza" poziția familiilor de traficanți, opera destul de liber din Panama, unde se întâlnea adesea cu Jorge Ochoa și Pablo Escobar. Se știa că acești membri de vârf ai cartelului columbian al drogurilor au încheiat o înțelegere cu Rodrigo Botera Montoya, ministrul de finanțe al Columbiei între 1974 și 1976, care a înființat o „fereastră deschisă" la Banca Centrală, unde banii proveniți din droguri puteau fi tranzacționați liber și deschis, fără niciun fel de probleme din partea autorităților. Această „fereastră" nu a fost niciodată închisă! Este mai cunoscută sub numele său colocvial „ventanilla siniestra", literalmente „fereastra sinistră". Prin această „fereastră" Fidel Castro a primit sume uriașe de dolari americani.

Autoritățile americane erau la curent cu activitățile lui Botera? Desigur că da. Botera era membru al prestigiosului Institut Aspen, al Fundației Ford și fost copreședinte al Inter American Dialogue. Era bine cunoscut de afabilul Elliott Richardson, pe care îl vom aminti cel mai bine pentru persecuția și trădarea președintelui Richard Nixon în urma scandalului Watergate. Nu este atât de cunoscut faptul că Elliott Richardson, un brahman din Boston de elită, extrem de respectabil, a fost avocatul regretatului Cyrus Hashemi. Hashemi a fost principalul traficant de arme în cadrul tranzacției de arme Carter-Khomeini din 1979.

Richardson a fost reprezentantul înregistrat și consilierul juridic al guvernului marxist din Angola. De asemenea, a fost puternic implicat în mușamalizarea scandaloasă a morților misterioase a 9 pacienți cu boli mintale la sinistrul centru din Bridgeport, care până în prezent nu a fost încă investigat. Legăturile lui Richardson cu traficul de droguri sunt vizibile prin intermediul lobby-ului pro-narcotice, Institutul pentru Libertate și Democrație, pe care a ajutat la fondarea sa în Lima, Peru, în 1961.

Având în vedere numărul mare de nume care apar în tragedia din Panama, pare recomandabil să enumerăm principalii actori și instituțiile implicate – în special dușmanii lui Noriega, care erau numeroși și puternici, după cum arată lista următoare:

Alvin Weeden Gamboa

Un avocat panamez și curier al baronilor drogurilor a înființat Partidul Acțiunii Populare (PAPO), un partid de opoziție d, pentru a apăra drepturile omului, împreună cu alți doi dușmani ai lui Noriega, Winston Robles și Roberto

Eisenmann. Toți se opuneau cu tărie Forței de Apărare a Panama și primeau în mod regulat laude generoase din partea presei americane și a Departamentului de Stat, care îi clasificau ca membri ai unui „guvern democratic alternativ" al Panama.

Cesar Tribaldos

A fost puternic implicat în spălarea de bani pentru baronii columbieni ai cocainei. Este și a fost coordonator al mișcării Cruciada Civică, alături de Roberto Eisenmann, proprietarul ziarului La Prensa și membru al PAPO. A făcut parte, de asemenea, din consiliul de administrație al Banco Continental.

Ricardo Tribaldos

Fratele lui Cesar, a fost pus sub acuzare pentru că a încercat să importe în Panama cantități uriașe de etil eter (acetonă), precursorul chimic principal utilizat pentru rafinarea cocainei. Ricardo a pus la punct operațiunea în 1984, anticipând deschiderea de către columbienii Ochoa și Escobar a unei operațiuni majore de prelucrare a cocainei în Panama.

Roberto Eisenmann

Roberto Eisenmann era proprietarul ziarului La Prensa și, la acea vreme, un aliat puternic al Departamentului de Stat al SUA. El a jucat un rol important în propunerea de guvern „democratic alternativ" pentru Panama. Eisenmann îl ura pe Noriega pentru că a distrus una dintre operațiunile majore ale lui Jorge Genoa și a închis First Interamerica Bank, care încălca legile bancare din 1985 privind „ " din Panama.

Acest lucru i-a lăsat pe Eisenmann și pe colegii săi în stare de șoc.

Nimeni nu se aștepta ca vreodată să se ia măsuri serioase împotriva comunității internaționale care controla 80% din economia Panamei, ale cărei „interese" creaseră o „Elveție în Panama", în urma schimbărilor inițiate de Nicholas Barletta. Prin urmare, această comunitate de elită formată din traficanți de droguri și bancheri a fost uimită când Noriega a furnizat aceste informații Agenției Antidrog (DEA), ceea ce a dus la arestarea marelui baron al cocainei, Jorge Ochoa, în Spania. Establishmentul din Panama a fost zguduit de aceste evenimente.

Eisenmann a devenit un critic vehement al lui Noriega, acuzându-l că distruge economia Panamei și chiar că este implicat în traficul de cocaină, când, de fapt, Eisenmann era cel care colabora strâns cu baronii columbieni ai cocainelor. Eisenmann făcea parte dintr-un grup de baroni ai drogurilor, bancheri, avocați și editori de ziare, a căror retorică pro-democrație era menită să le acopere urmele, care, dacă adevărul ar fi fost dezvăluit, ar fi dus direct la spălarea banilor murdari proveniți din cocaină. Eisenmann, care a condus atacul împotriva lui Noriega timp de 12 ani, a fost prima alegere a Departamentului de Stat al SUA pentru a conduce guvernul pe care intenționa să-l instaleze la putere odată ce Noriega ar fi fost înlăturat. S-ar putea ca unii cititori să privească aceste informații cu scepticism, dar sunt încrezător că informațiile mele vor rezista oricărei verificări, deoarece sunt susținute de fapte solide. În 1964, Eisenmann a fost demascat ca fiind omul din spatele achiziției Dadeland Bank din Miami, prin intermediul căreia sindicatul Fernandez își spăla banii proveniți din cocaină și marijuana, o dovadă suficientă pentru ca băncile să fi putut fi investigate în mod justificat de DEA. Dar acest lucru nu s-a întâmplat.

Sindicalul Fernandez, pus sub acuzare în 1984, depozita sume mari de bani în numerar provenite din comerțul cu droguri în cutii de valori închiriate la bancă, înainte de a le transfera în Panama, iar dosarele judecătorești arată că sindicatul deținea majoritatea acțiunilor emise de Dadeland Bank, banca lui Eisenmann. Cu toate acestea, Weeden, Eisenmann și Fernandez au fost cei care l-au acuzat în mod specific pe Noriega de colaborare cu baronii drogurilor. După mediatizarea cazului, sindicatul Fernandez și-a transferat banii murdari de la Dadeland Bank la Banco de Iberoamerica, menționată în actul de acuzare ca una dintre cele 15 bănci panameze pe care le-a utilizat. Eisenmann a jurat ulterior că nu avea nicio idee că banca sa, Dadeland Bank, era folosită pentru spălarea banilor proveniți din traficul de droguri.

Carlos Rodriguez Milian

Acest remarcabil curier al lui Lederer, Escobar și fraților Ochoa a primit un salariu de 2 milioane de dolari pe lună până în momentul arestării sale de către agenții DEA, în urma unei informații primite de la dușmanul său jurat, generalul Noriega. Sarcina sa consta în supravegherea și livrarea unor sume uriașe de bani proveniți din traficul de droguri către Bank of America, First Boston și Citicorp, printre altele, în scopul spălării acestora.

La audierea Subcomisiei pentru Relații Externe a Senatului privind Narcoticele din 11 februarie 1988, proceduri menite să denigreze și să păteze numele generalului Noriega. Milian a fost adus din închisoare, unde ispășește o pedeapsă de 43 de ani pentru activități comerciale legate de droguri, pentru a depune mărturie împotriva generalului Noriega. Dar el a perturbat procedurile și i-a speriat pe membrii Comitetului dezvăluind că a livrat sume uriașe de bani proveniți din traficul de droguri către mai multe bănci americane. Dezvăluirile sale neașteptate și nesolicitate sub jurământ au fost complet cenzurate de către șacalii din mass-media americană.

Locotenent-colonelul Julian Melo Borbua

Concediat fără onoare din Garda Națională a Panamei în 1964, Borbua a devenit unul dintre martorii-cheie împotriva lui Noriega. În timp ce se afla încă în Garda Națională, s-a întâlnit cu frații Ochoa în Columbia, care i-au oferit slujba și i-au plătit 5 milioane pentru a deschide un laborator de cocaină la Darien, în jungla din Panama; pentru a asigura facilități sigure de depozitare și tranzit, precum și adăposturi sigure pentru armele destinate vânzării, în principal de origine israeliană, și pentru a stabili aranjamente cu diverse bănci pentru a facilita fluxul de numerar provenit din aceste tranzacții ilegale. Compatrioții săi în acest plan erau Ricardo Tribaldos, omul care a fost pus sub acuzare pentru încercarea de a importa eter etilic în Panama, și un anume Gabriel Mendez.

Tribaldos și Mendez știau că au dat de belea când oamenii lui Noriega au început să distrugă transporturi mari de acid etilic și au localizat și distrus un laborator mare de cocaină. Sub îndrumarea unor persoane necunoscute, Tribaldos, Mendez și Borbua au planificat o fugă masivă a capitalului din Panama.

Planul prevedea un atac și o campanie de denigrare împotriva armatei și, dacă era posibil, asasinarea lui

Noriega. Dar înainte ca vreuna dintre aceste acţiuni să poată fi pusă în aplicare, Forţa de Apărare din Panama (PDF) a descoperit complotul şi i-a arestat pe cei trei. Mendez şi Tribaldos au fost acuzaţi de trafic de narcotice şi au ajuns la închisoare, dar au fost eliberaţi de un tribunal din Panama în circumstanţe suspecte. Borbua a fost dat afară din PDF cu dezonoare. Toţi au devenit membri activi ai frontului Cruciada Civică, creat pentru a-l înlătura pe generalul Noriega.

Cruciada Civică

Acest front pentru Eisenmann şi asociaţii săi era doar un instrument de utilizat împotriva generalului Noriega. Susţinătorii săi erau Eisenmann, Barletta, Tribaldos, Castillo şi Blandon, Elliott Richardson, Norman Bailey şi Sol Linowitz. Cruciada Civică s-a înfiinţat la Washington D.C. în iunie 1987, iar Lewis Galindo, autointitulatul „reprezentant internaţional al opoziţiei panameze faţă de Noriega", a fost angajat să o conducă.

Galindo avea referinţe impecabile în faţa facţiunii Shultz din Departamentul de Stat şi a establishmentului liberal din Est prin intermediul Comisiei Trilaterale şi al lui Sol Linowitz, unul dintre cei mai de încredere servitori ai lui Olympian şi partener în prestigioasa firmă de avocatură Coudert Brothers. Aceeaşi firmă de avocatură urma să trădeze SUA cedând teritoriu suveran american în Panama, ceea ce, foarte important, este interzis de Constituţia SUA; Galindo avea, de asemenea, referinţe impecabile în faţa fostului preşedinte al Columbiei, Alfonso Lopez Michelson, considerat în general de agenţii de informaţii din domeniul narcoticelor ca fiind omul care a acţionat ca supraveghetor al comerţului columbian cu cocaină şi marijuana în timpul mandatului său, între 1974 şi 1978.

Frații Robles

Ivan Robles și fratele său, Winston, sunt avocați de renume în Panama. Ei își datorează faima șefilor traficului de cocaină și bancherilor acestora. Winston Robles este coeditor al ziarului La Prensa al lui Roberto Eisenmann, care are legături dovedite cu banca Fernandez-Dadeland. International Law Directory menționează denumirea corectă a firmei de avocatură ca fiind Martindale-Hubbell, Robles și Robles. Eisenmann de la ziarul „La Prensa”, care deține, de asemenea, o treime din acțiunile băncii Dadeland, cu legăturile sale neplăcute din trecut cu sindicatul Fernandez, a fost favorizat de fostul secretar de stat George Shultz și de Departamentul de Stat pentru a-l înlocui pe generalul Noriega.

Aceste „negocieri” au avut la origine acuzațiile total false de trafic de droguri aduse împotriva lui Noriega de un mare juriu din Miami, Florida, la 5 februarie 1988. Această acuzare subliniază din nou nevoia urgentă ca poporul american să se debaraseze de acest apendice arhaic, feudal, de tip „star chamber” (marele juriu) al sistemului nostru juridic. Cele mai recente informații privind „negocierile” sunt declarația lui George Shultz:

> Am purtat numeroase discuții cu el (Noriega), dar nu am ajuns încă la niciun acord potrivit căruia acuzațiile împotriva lui Noriega vor fi retrase dacă acesta va demisiona voluntar.

Amiralul John Poindexter

Acuzațiile false aduse împotriva lui Noriega au rezultat din eșecul misiunii lui Poindexter de a-l forța pe general să renunțe la funcție. Misiunea lui Poindexter, în numele lui

Shultz, se înscria în linia mesajului fără menajamente al președintelui Reagan de a scăpa de președintele Marcos, transmis prin intermediul senatorului Paul Laxalt, care a jucat rolul lui Iuda mult mai bine decât Poindexter. Misiunea lui Poindexter a declanșat războiul actual al baronilor drogurilor, bancherilor, avocaților și aliaților lor americani pentru a scăpa Panama de amenințarea la adresa existenței lor, provenită din aplicarea viguroasă a legilor și politicilor bancare anti-cocaină promovate de generalul Noriega și PDF. În interviul televizat cu Mike Wallace, Noriega a clarificat că Poindexter venise ca un tiran, cerând ca Panama să se supună cerințelor colonialiste ale olimpienilor (Comitetul celor 300).

Nu eram împotriva invadării Nicaraguei de către forțele militare americane; dar un alt război în stilul celui din Vietnam ar fi jucat doar în favoarea Guvernului Mondial Unic și a trădătorilor din interiorul granițelor noastre. Poindexter a fost susținut de mass-media americană, care a mers până la a pleda pentru înlăturarea lui Noriega prin forță. Când a răspuns amenințărilor lui Poindexter cu o respingere fermă, Noriega a știut că soarta era pecetluită. El a căutat atunci o alianță și sprijin din partea peroniștilor. La o întâlnire cu liderii peroniști, care a avut loc la Mar del Plata, în Argentina, Noriega și delegația sa de ofițeri de nivel mediu au primit asigurările pe care le căutau. Dar nu a trecut mult timp până când au fost luate contramăsuri pentru a-i speria pe argentinieni. Trupele britanice au organizat „exerciții" în Insulele Malvine pentru a arăta ce s-ar întâmpla dacă Argentina ar interveni în afacerile Panamei, iar generalul John Calvin, șeful comandamentului militar american pentru zona sudică, s-a întâlnit cu ministrul argentinian al apărării, Horacio Juanarena. Aparent, întâlnirea a avut ca subiect amenințările britanice și tensiunile crescânde dintre cele două țări cu privire la

Insulele Malvine.

Generalul Galvin i-a transmis lui Juanarena un avertisment sever ca Argentina să nu se implice în Panama. Misiunea lui Galvin la Buenos Aires ar fi putut fi comparată pe bună dreptate cu misiunea generalului Hauser la Teheran în perioada în care fostul președinte Jimmy Carter îl trăda pe șahul Iranului.

Operațiunea antidrog a DEA, care a urmat unei anchete de trei ani desfășurate sub numele de cod „Operațiunea Pisces", a arătat că baronii drogurilor și susținătorii lor erau beneficiarii unor profituri enorme. Până în 1985, nimeni nu le-a creat probleme serioase. Dar în 1985, când înainte părea doar vag posibil ca legile rar aplicate să devină o problemă care trebuia rezolvată prin intimidare, mită și corupție, Noriega demonstra acum că nu putea fi amenințat sau cumpărat și că era hotărât să acționeze.

„Operațiunea Pisces" a închis 54 de conturi în 18 bănci panameze și a dus la confiscarea a 10 milioane de dolari și a unor cantități mari de cocaină. Ulterior s-a stabilit că băncile fuseseră avertizate de unii membri ai PDF și au reușit să mute sume mari de bani înainte de a fi percheziționate. Aceasta a fost urmată de înghețarea a încă 85 de conturi în bănci ale căror depozite se credea că sunt pătate cu sânge și cocaină, o acțiune desfășurată de Forța de Apărare din Panama (PDF). Cincizeci și opt de „curieri" importanți columbieni, americani și unii cubano-americani au fost arestați și acuzați de trafic de narcotice. „Operațiunea Pisces" a fost posibilă datorită adoptării Legii 23 din Panama, care a avertizat traficanții de droguri cu privire la ceea ce îi aștepta în viitor. *La Prensa* s-a plâns amar că Forța de Apărare din Panama desfășura o campanie publicitară împotriva drogurilor în numele guvernului american, o campanie care „va devasta centrul bancar panamez".

Jose Blandon

Intră în scenă Jose Blandon, care a făcut acum o schimbare de 180 de grade datorită consorțiului pro-droguri. Care a fost rolul atribuit lui Blandon în războiul care se desfășura împotriva forțelor anti-cocaină?

El a fost angajat pentru a mobiliza așa-numitul „sprijin internațional" pentru facțiunea Elliott Richardson-Sol Linowitz, care încerca să-l doboare pe generalul Noriega d. Procedând astfel, Blandon s-a expus ca un mincinos ipocrit și fără scrupule. Blandon a servit Internaționala Socialistă a lui Willie Brandt (cunoscută în unele cercuri și sub numele de Parteneriatul). Înainte de a-și prelua funcția de acuzator șef al lui Noriega, Blandon, care era consulul general al Panama la New York, a apărut la televiziunea din Panama pe 11 august 1987 pentru a-l susține pe Noriega. El a atacat vehement forțele aliniate împotriva generalului Noriega — caracterizând ostilitatea ca o campanie menită, în esență, să-l lichideze pe Jose Blandon.

Să aruncăm o privire mai atentă asupra purtătorului de cuvânt al Departamentului de Stat pentru „Panama". La scurt timp după apariția sa la televiziune în favoarea lui Noriega, de fapt în mai puțin de o lună, Blandon a fost luat la rost de establishmentul liberal de est, reprezentat de Shultz, Kissinger și Elliot Abrams, și i s-a spus să nu mai parieze pe calul greșit. Conform rapoartelor serviciilor de informații, Blandon nu a fost lăsat în nicio îndoială cu privire la ce îi rezerva viitorul lui Noriega. I s-a spus destul de direct să „se alăture echipei câștigătoare" sau să se trezească pe dinafară când „noul guvern” va fi instalat. Blandon, care a fost întotdeauna un individ egoist, nu a pierdut timpul și și-a schimbat cursul, alăturându-se mișcării „prindeți-l pe Noriega”. La scurt timp după ce a schimbat tabăra, Blandon a anunțat că „aduna sprijin din partea comunității internaționale împotriva generalului Noriega”.

A fost imediat demis din funcția sa consulară. Niciun guvern nu-și poate permite ca reprezentanții săi să conspire cu „forțe străine care pledează pentru răsturnarea sa”. Blandon a fost imediat susținut de Departamentul de Stat și de mass-media americană. A fost prezentat de dr. Norman Bailey ca un oficial panamez respectabil de rang înalt, care avea informații cu adevărat surprinzătoare de împărtășit despre presupusul „trafic de droguri” al lui Noriega. Nu pot fi complet sigur că Blandon nu a primit imediat sprijin financiar de la Bailey, Civic Crusade și Sol Linowitz, dar Washington a spus că a primit unele informații care ar tinde să confirme că Blandon era un mercenar plătit de Linowitz, Norman Bailey și Civic Crusade. Avocatul din Miami, Ray Takiff, care l-a reprezentat pe generalul Noriega în SUA, a spus pur și simplu că Blandon era un mincinos plătit de guvernul SUA.

Unul dintre cei care îl controlau pe Blandon era William G. Walker, secretar adjunct de stat pentru afaceri internaționale, care a jucat ulterior un rol murdar în răsturnarea guvernului Serbiei. Conform rapoartelor pe care le-am primit, Walker a fost cel care l-a instruit pe Blandon cu privire la mărturia sa în fața Subcomisiei pentru Terorism, Narcotice și Operațiuni Internaționale a Comisiei pentru Afaceri Externe a Senatului, cunoscută pentru campaniile sale de denigrare împotriva lui Noriega. Walker a jucat ulterior un rol cheie în distrugerea liderului sârb

Milosevic, care a dus la căderea țării și la preluarea puterii de către un guvern musulman din Albania.

Blandon era cunoscut pentru trecerile sale bruște de la un subiect la altul, ca să nu mai vorbim de schimbarea de poziție în mijlocul discuției. Walker voia să se asigure că Blandon nu se abate în zone care ar putea duce la complicații, în timp ce depunea mărturie în fața comisiei „deschise și închise”, în maniera expunerii jenante a lui Rodriguez Milian privind marile bănci americane. Lewis Galindo de la Civic Crusade, pe care îl cunoaștem deja, a fost un alt „antrenor” al lui Blandon, alături de Walker și de dr. Norman Bailey. Galindo a petrecut mult timp spunându-i lui Blandon să se țină de subiect, în timp ce depunea mărturie în fața subcomisiei senatului dornică să-l „prindă pe Noriega”.

Comisia trebuie să fi fost la curent cu tendința lui Blandon, demnă de serialul „ ”, de a denatura „faptele”, la fel cum probabil știa și despre „contactele sale internaționale la nivel înalt”, destul de dubioase. Cu toate acestea, subcomisia Senatului l-a prezentat pe Blandon ca martor principal împotriva lui Noriega în cea mai mare parte a ședințelor desfășurate între 8 și 11 februarie. Acest lucru ar trebui să-i îngrijoreze profund pe toți patrioții care prețuiesc instituțiile și tradițiile noastre.

Atacul asupra lui Noriega a degradat și a înjosit instituțiile noastre, fără a mai menționa că a aruncat îndoieli grave asupra sistemului nostru de justiție. Dorind să profite la maximum de mărturia lui Blandon, deși aceasta nu ar fi rezistat mai mult de câteva minute în conformitate cu regulile de probă ale instanței și în cadrul contrainterogatoriului, membrii comisiei au ascultat cu nerăbdare diatriba sa incoerentă și contradictorie împotriva generalului Noriega. Chiar și cu o marjă de libertate atât de mare, cu membrii comisiei făcând tot posibilul să fie îngăduitori, Blandon a făcut o figură la fel de jalnică ca și criminalii Floyd Carlton și Milian Rodriguez, care au fost chemați ca martori ai acuzării.

Procedurile aminteau de „procese-spectacol" și nu au ce căuta în sistemul american. Dacă asta numesc politicienii noștri „guvernare deschisă", atunci Dumnezeu să ajute America. Ar putea audierile subcomisiei să fie clasificate drept „proces"? Tind să cred că a fost un proces al generalului Noriega, deși președintele subcomisiei, John Kerry, a respins categoric acest lucru când i s-a pus întrebarea. Kerry l-a prezentat pe Blandon în fața comisiei așa cum se prezintă un câine în ring la o expoziție canină. Când Blandon a început să bolborosească incoerent, Kerry a spus de nenumărate ori „stai, băiete — nu așa repede". Acesta este același John Kerry care urma să candideze la președinția Statelor Unite. Slavă Domnului că a fost învins.

Kerry s-a asigurat că nu se va aduce în discuție recentul discurs televizat al lui Blandon în sprijinul lui Noriega. În timpul acelui discurs, Blandon a spus că acuzațiile împotriva comandantului PDF erau „invenții" și a negat vehement că vreun ofițer al PDF ar fi fost implicat în traficul de narcotice. Acum, asta poate fi o politică bună, dar duce la o justiție slabă. În cele din urmă, incapabil să-și urmeze propriile divagații, Blandon s-a contrazis și a dat relatări atât de diferite despre aceleași evenimente, încât chiar și șacalii din mass-media, în special *revista Time*, au fost nevoiți să recunoască cu greu că credibilitatea lui Blandon era inexistentă! Dar nu și pentru John Kerry, care nu-și putea permite să-și piardă martorul din Camera Stelelor.

De unde proveneau „faptele” lui Blandon despre implicarea lui Noriega în traficul de droguri? Analize atente pregătite de specialiști în acest domeniu au arătat o asemănare izbitoare între frazele și cuvintele folosite de Norman Bailey, Lopez Michelson, Roberto Eisenmann, Lewis Galindo și multe dintre cuvintele și expresiile folosite de Blandon. Așadar, se pare că acești oameni i-ar fi pus cuvintele în gură lui Blandon. Milionarul Galindo, care se presupune că și-a făcut averea din imobiliare, și Eisenmann de *la La Prensa* i-am întâlnit deja, dar este util și necesar să menționăm în treacăt că Galindo se bucură de încrederea lui Sol Linowitz din Comisia Trilaterală și a asociatului său apropiat, dr. Norman Bailey.

Lopez Michelson

Lopez Michelson a fost președinte al Columbiei între 1974 și 1978, perioadă în care a devenit foarte prietenos cu Fidel Castro, care l-a relocat pe Carlos Lederer după ce acesta a fost forțat de agenții DEA să fugă din Bahamas. Ministrul de finanțe al lui Michelson, Rodrigo Bolero Montoya, d, a facilitat depunerea banilor proveniți din droguri de către baronii cocainei, deschizând „fereastra sinistră” la banca națională a Columbiei, ca parte a activităților de supraveghere ale lui Michelson în numele baronilor cocainei Ochoa, Lederer și Escobar. Lopez Michelson a încercat chiar să legalizeze baronii drogurilor în schimbul ofertei lor de a achita datoriile externe ale Columbiei!

Nicolas Ardito Barletta

Un alt lacheu angajat de Departamentul de Stat a fost Nicolas Ardito Barletta. Prieten și confident al lui Norman Bailey de la Consiliul Național de Securitate și șef al

„filialei bancare” a NSC-CIA, apropiat de Sol Linowitz și William Colby, Barletta era în mod evident un aliat important al facțiunii „prindeți-l pe Noriega”. Am menționat deja că Panama a devenit un paradis pentru traficanții de droguri și băncile lor de spălare de bani la scurt timp după ce Blandon a promulgat legi stricte privind secretul bancar: tocmai la timp pentru „boom-ul” comerțului cu cocaină. Legislația sa privind secretul bancar nu a fost niciodată contestată – până când generalul Noriega și-a asumat această responsabilitate uriașă. Nu e de mirare că Blandon s-a aliat cu dușmanii săi. Blandon era cunoscut la Washington drept „omul bancherilor” din Panama.

Steven Sarnos

Identificat ca traficant de narcotice, Sarnos părea să se bucure de un acces surprinzător de ușor la oficiali ai administrației, precum amiralul Poindexter, și la personalități precum Barletta. Sarnos făcea parte din grupul format din Eisenmann, Galindo și alții, care a inițiat campania de calomnie împotriva lui Noriega. Se pare că Sarnos era un altul dintre numeroșii „antrenori” ai lui Jose Blandon.

Sarnos călătorește pentru a-și vizita relațiile de nivel înalt din SUA sub protecția programului federal de protecție a martorilor. Poate din cauza probelor furnizate de Sarnos, fostul său coleg și partener de afaceri Fernandez a fost condamnat la închisoare pentru trafic de marijuana. S-ar putea să nu aflăm niciodată, dar acesta trebuie să fie motivul pentru care lui Sarnos i se permite să călătorească în SUA, în timp ce un om ca președintele Waldheim, fost secretar general al ONU, este pe lista neagră.

Comisia senatorială condusă de John Kerry părea să facă tot ce-i stătea în putință pentru a compensa prestația extrem de haotică a lui Blandon. Când a fost întrebat de presă despre schimbările din mărturia lui Blandon, despre inexactități și contradicții, senatorul D'Amato, unul dintre membri, a declarat: „Oamenii din mass-media ar încerca orice pentru a discredita mărturia domnului Blandon." Însă, în cele din urmă, mărturia lui Blandon s-a dovedit a fi nimic mai mult decât produsul unei imaginații prea bogate. Afirmația sa că ar fi văzut documente care confirmau spionarea de către CIA a vieților private ale anumitor senatori americani, o acuzație negată vehement de CIA, dar reconfirmată de Blandon, a provocat un adevărat scandal. „Bomba" lui Blandon privind CIA a tulburat comisia aproape la fel de mult ca dezvăluirile lui Milian potrivit cărora marile bănci americane erau implicate în spălarea banilor proveniți din traficul de droguri.

O altă „personalitate internațională influentă" care a susținut conspirația „prindeți-l pe Noriega" a fost Ted Turner de la CNN. Se crede că Turner este membru al Comisiei Trilaterale, fiind „convertit" personal de David Rockefeller. Se pare că numele său a fost adăugat pe lista dușmanilor lui Noriega. Ziarul La Prensa al lui Roberto Eisenmann a răsuflat ușurat la modul în care s-au desfășurat audierile subcomisiei senatului. Era evident că politica bancherului drogurilor pentru Panama urma să devină de atunci înainte politica oficială a SUA. Campania împotriva PDF dusă de SUA a venit direct din paginile ziarului La Prensa, cu urletele sale de furie la adresa „represiunii". Baronii cocainei și bancherii lor au scris versurile cântecului de ură cântat de administrația Reagan împotriva celui mai bun luptător împotriva traficului de droguri din lume la acea vreme, generalul Manuel Noriega.

Faptul că Noriega a fost murdărit cu noroi ar trebui să ne spună ceva despre cât de eficient era el în războiul împotriva drogurilor. Dacă ar fi fost o nulitate, nimeni din Washington sau Panama nu s-ar fi deranjat cu el. O campanie internațională de ură și calomnie a ajuns rapid la apogeu și s-a încheiat cu înlăturarea lui Noriega. Convingerea mea, bazată pe informații de cea mai mare fiabilitate, este că, chiar și după ce a fost forțat să plece, Noriega a rămas într-un pericol extrem. Această informație s-a dovedit a fi corectă odată cu răpirea și transportarea lui Noriega într-o închisoare din Florida, urmată de un proces fără precedent în jurisprudența oricărei națiuni occidentale. Baronii drogurilor și bancherii lor nu vor ierta și nu vor uita. Noriega a fost marcat pentru eliminare în același mod în care generalul Somoza din Nicaragua a fost destinat să fie asasinat.

Au rezultat totuși și câteva lucruri pozitive din audierile subcomisiei. Generalul Paul German a negat că ar fi găsit vreo dovadă de faptă ilegală comisă de Noriega, așa cum susțineau Blandon și Norman Bailey. El a spus că nu existau dovezi concrete că Noriega ar fi avut legături cu baronii cocaină. Au existat zvonuri, a spus German, dar nu s-a găsit niciodată nicio dovadă reală. Nici comisia nu a putut produce nici măcar o fărâmă de dovadă credibilă pentru a susține acuzațiile false aduse împotriva lui Noriega, indiferent cât de tare s-a agitat Kerry, și totuși acesta a fost găsit vinovat și condamnat la închisoare pe viață, din care nu va fi eliberat niciodată.

Blandon, Barletta, Linowitz, Elliot Abrams, Elliott Richardson, Lewis Galindo și Roberto Eisenmann, printre alții, doresc legalizarea comerțului cu droguri. Abordarea lui Richardson față de această problemă a fost extrem de ingenioasă. El a susținut legalizarea drogurilor fără a părea că o face. Poziția pe care a adoptat-o a fost că era „prea târziu" pentru a încerca să combată amenințarea drogurilor și că, indiferent de eforturile depuse pentru a le suprima, la fel ca în cazul alcoolului înaintea lor, cea mai bună cale de urmat este legalizarea narcoticelor. Acest lucru, potrivit lui Richardson și facțiunii sale de bancheri din Estul Liberal, se va dovedi mult mai eficient și mai puțin costisitor pe termen lung — exact poziția adoptată de senatorul Edward Kennedy în numeroasele sale încercări de a legaliza drogurile.

Edward Kennedy a fost scutit de soarta fraților săi, deoarece este util pentru promovarea proiectelor de lege ale establishmentului în Senat – singurul motiv pentru continuarea carierei sale politice. Dacă Kennedy îndrăznește vreodată să voteze împotriva legislației pro-narcotice, va fi eliminat. Noi știm asta și el știe asta. Este la fel de clar ca asta. În articolul său preluat din Raportul Sol Linowitz din 1986 al Dialogului Interamerican, Richardson citează practic argumentele prezentate de *La Prensa* și Carlos Lederer în sprijinul legalizării consumului de cocaină și marijuana, în același mod în care SUA au fost în cele din urmă forțate să legalizeze alcoolul. Inter-American Dialogue este o confluență de opinii între establishmentul liberal estic și America Latină, care urmează politica trilaterală pentru regiune, sub auspiciile Comitetului celor 300.

Pe scurt, acesta există pentru a aproba fără discuție deciziile Comisiei Trilaterale. Din lista membrilor săi se poate observa rapid în ce măsură acest organism a fost înființat pentru a îndeplini ordinele CFR. Acolo unde apar numele lui McGeorge Bundy, Linowitz, Kissinger, John R. Petty, Robert S. McNamara, Barletta și Montoya, putem fi siguri că există o activitate murdară la intersecția dintre „ ".

Curierul baronilor columbieni ai cocainei, Samper Pizano, spune că trebuie luată în considerare o abordare nouă și proaspătă a problemei drogurilor pentru Occident. Pizano, care nu contestă legăturile sale cu baronii columbieni ai cocainei, i-a înmânat odată lui Lopez Michelson un cec cu o sumă foarte frumușică de bani ca „contribuție" la campania sa prezidențială. Banii au fost acceptați de Michelson, chiar dacă știa că proveneau de la Carlos Lederer.

Argumentul vechi în favoarea legalizării selective a fost invocat și de Richardson. Se pare că 65 de milioane de dependenți de droguri în SUA nu reprezintă un număr suficient. Richardson sugerează că războiul împotriva drogurilor nu poate fi câștigat, un alt argument vechi și periculos, care ignoră loviturile puternice pe care președintele Garcia a reușit să le dea mafiei cocainei în doar cincizeci de zile, și asta cu resurse strict limitate la dispoziția sa! Argumentul decisiv este afirmația:... ilegalitatea drogurilor agravează daunele atât pentru dependenți, cât și pentru societățile din America. În calitate de funcționar al justiției, Richardson merita să fie anchetat de Baroul American, acuzat de promovarea vânzării de narcotice și pus sub acuzare pentru astfel de fapte. Inter-American Dialogue are clubul său de bancheri din industria narcoticelor care susține încercările de legalizare a drogurilor. Faptul că există o legătură dovedită între First Bank of Boston, Credit Suisse și baronii cocainei din Columbia nu ar fi greu de demonstrat; mult mai puțin dificil decât încercarea de a face credibilă și acceptabilă mărturia distorsionată a lui Jose Blandon.

De ce subcomisia Senatului, care îl denigra pe Noriega, nu a urmărit Credit Suisse, First Bank of Boston, American Express și Bank of America, dacă voia cu adevărat ca „ " să inspire credibilitate în lupta împotriva traficului de droguri? Care a fost rolul lui John Kerry în toate acestea? Când a început Departamentul de Stat să se teamă cu adevărat de Noriega?

Aș estima că a fost imediat după succesul acțiunii comune antidrog DEA-Panama, cu numele de cod „Operațiunea Pisces", care a fost dezvăluită public de DEA pe 6 mai 1987, în care a fost caracterizată drept „cea mai mare și mai de succes investigație sub acoperire din istoria aplicării legii federale privind drogurile". Departamentul de Stat a început imediat operațiuni de contracarare, împreună cu cei menționați în acest articol, pentru a submina succesul „Operațiunii Pisces" și a-l înlătura pe generalul Noriega din funcția de comandant al Forțelor de Apărare din Panama. Departamentul de Stat și aliații săi din lobby-ul pro-droguri aveau motive întemeiate să se teamă de Noriega, așa cum reiese foarte clar din următorul extras dintr-o scrisoare din 27 mai 1987 adresată lui Noriega de către șeful DEA, John C. Lawn:

> După cum știți, operațiunea Pisces, încheiată recent, a avut un succes enorm, multe milioane de dolari și mii de kilograme de droguri fiind confiscate de la traficanții de droguri și spălătorii internaționali de bani. Angajamentul dumneavoastră personal (sublinierea noastră) față de operațiunea Pisces, precum și eforturile competente, profesionale și neobosite ale altor oficiali din Republica Panama au fost esențiale pentru rezultatul pozitiv final al acestei investigații. Traficanții de droguri din întreaga lume sunt avertizați că veniturile și profiturile obținute din activitățile lor ilegale nu sunt binevenite în Panama.

ÎNTR-ADEVĂR!

În aceste ultime rânduri găsim cheia care explică de ce Departamentul de Stat s-a întors împotriva generalului Noriega și de ce a fost lansată o campanie de calomnie și defăimare la nivel național împotriva celui mai eficient luptător împotriva traficului de droguri din lume la acea vreme. Scrisorile lui John C. Lawn contrastează foarte puternic cu spectacolul jalnic al eforturilor lui Jose Blandon și ale traficantului de droguri condamnat Milian de a-l denigra pe omul cel mai urât și temut de baronii columbieni ai drogurilor, de bancherii lor panamezi și de aliații lor din establishmentul liberal de est, în rândul cărora includem *New York Times* și *Washington Post.*

Audierea subcomisiei Senatului a adus un deserviciu teribil și nefericit poporului american prin sprijinul acordat baronilor drogurilor și bancherilor lor și a îngropat practic ceea ce mai rămăsese din programul lamentabil de slab al războiului împotriva drogurilor, pe care președintele Reagan ar fi trebuit să-l lase în mâinile lui George H.W. Bush. Tot ce a mai rămas din stima noastră de sine zdrențuită ca națiune opusă amenințării drogurilor a fost pateticul „Just Say No" al lui Nancy Reagan. Vorbele sunt într-adevăr ieftine, mai ales în comparație cu actele curajoase de vitejie pe care le putem atribui generalului Noriega și președintelui Alan Garcia.

Presa mainstream americană, acei șacali care urmează dictatele transmise de liderul haitei, David Rockefeller, a fost responsabilă de orchestrarea campaniei virulente anti-Noriega din America, care a dus la punerea sub acuzare de către un mare juriu din Miami a omului atât de generos lăudat de șeful DEA. Cine greșește aici? Este John C. Lawn? Este Noriega pe care l-a lăudat el cu adevărat același om descris ca prieten și protector al traficanților de narcotice de către presa mafiei cocainelor, avocații acesteia, bancherii săi, mincinoșii plătiți și organizațiile sale de elaborare a politicilor?

La prima vedere, pare să existe o oarecare confuzie. Fie Noriega nu este în mod clar omul pe care John C. Lawn l-a lăudat, fie martorii d ă sau din subcomisia Senatului au fost mincinoși. Vă lăsăm pe dumneavoastră să trageți propriile concluzii. Să ne întoarcem la lista „dușmanilor lui Noriega" și să descoperim principalii autori ai acestei crime extrem de sălbatice împotriva celui mai bun adversar al traficanților de droguri din epoca modernă.

Generalul Ruben Darios Paredes

Fostul comandant al Gărzii Naționale din Panama, acum pensionat, a fost cel mai combativ și periculos dușman al generalului Noriega. În ciuda execuției brutale, în stilul mafiei cocainelor, a fiului său, Paredes a rămas loial fraților Ochoa, chiar și după ce a aflat că aceștia l-au mințit când a sunat să întrebe de fiul său dispărut. Paredes a acceptat cuvântul fraților Ochoa că fiul său era în siguranță, chiar și în timp ce presa columbiană trâmbița că Rueben Jr. era deja mort, victima „los grandes mafioses". Paredes avea legături de lungă durată cu Fidel Castro și cu colonelul Roberto Diaz Herrera, autoproclamatul său „prieten special". Având în vedere aceste fapte cunoscute, nu este surprinzător să aflăm că Paredes îi găzduia la el acasă pe membrii armatei private de teroriști a lui Carlos Ledher, M19, și îi proteja după ce o unitate a M19 fusese înființată în Panama pentru a proteja laboratorul de cocaină din Darien și depozitele de arme israeliene.

Paredes a fost alegerea lui Kissinger, Linowitz și a Departamentului de Stat pentru a-l înlocui pe generalul

Noriega odată ce acesta a fost forțat să plece prin amenințări directe sau urmăriri penale ale Departamentului de Justiție. Aceasta a fost baza așa-numitelor „negocieri" cu generalul Noriega care au avut loc. În iulie 1987, Paredes a amenințat că va izbucni războiul în Panama dacă generalul Noriega nu demisionează. Rolul atribuit lui Paredes de către Kissinger și Linowitz era acela de a fi un factor perturbator, pentru a se asigura că niciun individ și niciun partid politic nu devine suficient de puternic în Panama încât să amenințe interesele baronilor drogurilor și ale rețelei lor bancare. Așa cum s-a menționat anterior, atunci când Torrijos a dat semne în acest sens, a avut parte de un „accident" aviatic fatal. Există vreo dovadă reală, de genul celei căutate cu atâta ardoare de Subcomisia Senatului și pe care aceasta nu a reușit să o găsească în cazul generalului Noriega, care ar fi putut să-l lege pe Paredes de baronii cocaină și de bancherii lor corupți? Este de domeniul public faptul că familia Ochoa l-a răsfățat pe Paredes cu cadouri scumpe, inclusiv cai de rasă pură, dar acest lucru nu constituie, în sine, o dovadă suficientă. Apoi, există problema relațiilor clar stabilite între adjunctul lui Paredes, locotenent-colonelul Julian Melo Barbua, pe care l-am întâlnit deja, și a cărui relație strânsă cu Ricardo Tribaldos, Jaime Castillo, Mendez și alți traficanți ai familiei Ochoa, precum Stephen Samos, nu era contestată și care nu putea fi ascunsă în niciun fel de generalul Paredes.

Când Lopez Michelson s-a întâlnit cu baronii columbieni ai cocainei în Panama în 1984, Melo Borbua a fost cel care s-a asigurat că nu vor fi deranjați. L-am menționat pe Stephen Samos, deoarece era căsătorit cu Alma Robles, o soră a fraților Robles, a căror firmă de avocatură este folosită de baronii drogurilor. Samos a fost un curier pentru sindicatul Fernandez – până când a fost prins. Din informațiile mele reiese că era bine cunoscut de Melo Borbua și că activitățile sale nu puteau scăpa de atenția unui om ca generalul Paredes.

Paredes, în ciuda legăturilor sale cunoscute cu lumea drogurilor, era foarte căutat de șacalii din mass-media americană. A primit recenzii de presă extrem de favorabile, trecutul său murdar fiind aparent bine ascuns, în același mod în care generalul Pitovranov de la Misiunea Comercială și Economică a SUA (USTEC) este iubit de presa americană, în ciuda trecutului său cunoscut ca șef al unei echipe mondiale de răpitori și asasini ai KGB-ului.

Dr. Norman Bailey

Trecutul lui Bailey este legat de Consiliul Național de Securitate, unde a lucrat înainte de a se alătura lui Sol Linowitz în cadrul infamului acord de cedare a Canalului Panama. În timp ce era membru al Consiliului Național de Securitate, Bailey a fost însărcinat să studieze mișcările banilor proveniți din traficul de droguri, ceea ce i-a oferit o experiență directă în Panama. Ca rezultat direct al studiilor sale, Bailey a devenit prieten cu Nicholas Ardito Barletta. Se crede că Bailey a dezvoltat o ură față de Noriega, învinuindu-l pentru pierderea funcției prezidențiale de către Barletta. Bailey a declarat public:

> „Am început războiul meu împotriva Panama când prietenul meu Nicky Barletta a demisionat din funcția de președinte al Panama.

Bailey a aflat multe despre legile privind secretul bancar din Panama de la omul responsabil pentru transformarea acesteia într-un paradis pentru traficanții de droguri și băncile de spălare de bani, al căror apărător devenise acum.

De ce ar fi trebuit Bailey să se simtă jignit de demiterea lui Barletta? Pentru că Barletta era „omul de pe teren" care reprezenta personalități de vârf ale establishmentului britanic și american, implicați până peste cap în comerțul cu droguri — de la o distanță sigură, desigur. El era, de asemenea, omul Fondului Monetar Internațional (FMI) la fața locului în Panama, pentru a se asigura că dictatele acestuia erau respectate fără întrebări, și un favorit al lui George Shultz. Când generalul Noriega s-a opus pachetelor de austeritate și lichidare a activelor impuse de FMI, a intrat în conflict direct cu Ardito Barletta și, prin extensie, cu elita de la Washington. Fără știrea lui Bailey, membru al grupului „ ", generalul Noriega se consultase cu Alan Garcia, ale cărui tactici apăruseră cu succes Peru-ul împotriva jafurilor FMI și pe care Noriega le-a adoptat ulterior pentru Panama.

În consecință, Bailey a fost îndepărtat din funcție atunci când a încercat să devină „executorul" FMI. În acel moment, decizia de a declara război total împotriva lui Noriega și a Gărzii Naționale a fost luată de George Shultz, la sfatul lui Norman Bailey și al partenerului său de afaceri, William Colby, a căror companie, Colby, Bailey, Werner and Associates, fusese consultată de bancherii panamezi și americani specializați în spălarea banilor proveniți din traficul de droguri, cuprinși de panică. Din acel moment, generalul Noriega nu a mai fost numit altfel decât „dictator".

Bailey susține că nu era interesat să scape de Noriega. Mai important, spune el, era să scape de armata, deoarece, potrivit lui Bailey, „Panama este cea mai puternic militarizată țară din emisfera vestică". Această afirmație remarcabilă ar trebui pusă în balanță cu faptul cunoscut că Bailey a fost cel care a redactat acuzațiile aduse împotriva lui Noriega de către Blandon, Eisenmann și Weedon. Bailey, în calitate de membru al grupului de acțiune civică care a depus eforturi susținute pentru a-l înlătura pe Noriega și a-l înlocui cu ceea ce lui Bailey îi plăcea să numească o „juntă civilă", care va organiza alegeri libere odată ce va ajunge la putere, pentru care el stabilește un termen limită de un an.

Bailey a contribuit în mare măsură la calomnierea lui Noriega de către *New York Times* și *Washington Post*, pe care el o numește „98% fapt". Chiar dacă doar 2% nu sunt fapte, atunci cu siguranță articolele sale trebuie să fie total suspecte? Prin intermediul lui Bailey, conspirația împotriva generalului Noriega a parcurs un cerc complet, de la baronii cocainei din Columbia până la elitiștii din Washington, Londra și New York. Prin intermediul lui Bailey s-a făcut legătura între mafia cocainei ucigașă de clasă inferioară și numele respectabile și de neatins din registrele sociale și politice ale Washingtonului, Bostonului, Londrei și New Yorkului, întruchipate de Elliott Richardson și George Shultz.

Miza o reprezintă sumele uriașe de bani generate de traficanții de narcotice, care sunt încă ilegali, dar care s-ar putea să nu mai rămână așa mult timp, având în vedere presiunea exercitată asupra legiuitorilor pentru a „relaxa" „consumul social" al unor droguri precum marijuana și cocaina. În spatele presiunii împotriva fumatului de țigări s-a aflat campania lobby-ului drogurilor pentru legalizarea „consumului moderat" de droguri periculoase care creează dependență. Chirurgul general spune că nicotina creează dependență la fel ca cocaina și heroina. Implicațiile sunt evidente. Renunțați la fumatul antisocial, cu riscurile sale dovedite de a provoca cancer, și treceți în schimb la cocaina sau marijuana, care nu sunt cancerigene. Vânzările de droguri, care în prezent depășesc cu mult vânzările de benzină, ar putea în curând să depășească și vânzările de țigări.

„Piața" cocainei este încă relativ neexploatată. Dacă multe alte milioane de oameni sunt transformați în zombi dependenți de droguri, ce contează, așa cum ar spune Bertrand Russell dacă ar fi în viață astăzi. Când Noriega a fost arestat de George Bush senior și armata sa de 7.000 de soldați americani, Uniunea Sovietică a fost câștigătoarea, prin parteneriatul cu Cuba lui Castro. A reușit să-și extindă influența în toată America Latină. Un al doilea beneficiu al comerțului a fost creșterea producției de cocaină și marijuana pe care a făcut-o posibilă. SUA au resimțit impactul, deoarece drogurile erau acum mai ieftine și cantități mai mari deveneau disponibile pentru „noii" consumatori, care nu deveneau neapărat dependenți, sau cel puțin așa se susține. În acest sens, baronii drogurilor au avut asigurat sprijinul deplin al *New York Times*, care vorbea în numele intereselor britanice, și al *Washington Post*. Ambele ziare d, au publicat în ultimii ani o serie de articole în sprijinul legalizării consumului de marijuana și cocaină.

Senatul a declarat război Panama, la fel cum a declarat război Africii de Sud. Patriotismul poporului american a fost stârnit de referirile la prezența militară din Panama ca fiind un pericol pentru securitatea Canalului. De Concini a fost o momeală fără valoare pentru aripa dreaptă, care a semnat documentul de cedare, cu „rezerve" care nu au fost acceptate de Panama, pentru care a fost promovat ca un om înțelept și prudent pentru că a cerut codicilul, când acesta nu era și nu este altceva decât o ieșire de urgență pentru șobolani, care au cedat Canalul SUA din Panama. Situația din America Centrală a devenit un pericol pentru interesele de securitate națională ale Statelor Unite. O „democrație" în stil filipinez a fost impusă Panamei. Pentru a obține undă verde pentru Tratatul Canalului Panama, Senatul a spus că generalul Noriega trebuie să demisioneze. Dacă refuza să se conformeze, ar fi fost forțat să plece. Acesta a fost consensul delegației de șase membri a personalului Senatului, care a vizitat Panama în perioada 12-16 noiembrie 1987.

Delegația nu a menționat nimic despre amenințarea îngrozitoare reprezentată de traficanții de narcotice și legăturile lor cu Cuba, ca să nu mai vorbim de amenințarea la adresa economiei noastre reprezentată de scurgerea de dolari americani către băncile panameze care spălau bani murdari. În numele democrației, controlul asupra Panama a fost smuls din mâinile lui Noriega și predat traficanților internaționali de droguri, iar Panama a fost dată peste cap de Tratatul Canalului. Nu este specificată în mod explicit, dar este clar o amenințare implicită, amenințarea clară de a trimite armata SUA în Panama, dacă „tulburările" amenință siguranța Canalului. Pentru a crea astfel de tulburări a fost trimis în Panama veteranul scandalagiu, John Maisto.

John Maisto

Cine este John Maisto? El era numărul doi la Ambasada SUA în Panama când avea loc „transferul" către Panama. Înainte de asta, a fost trimis în Coreea de Sud, Filipine și Haiti pentru a crea tulburări pe străzi și a conduce „demonstrații" împotriva autorităților. El a fost foarte activ pe străzile din Panama, și este o rușine că agentului provocator Maisto i s-a permis să scape cu comportamentul său scandalos. Senatul a contribuit în mod deliberat și cu premeditare la deteriorarea condițiilor din Panama, insistând în continuare că „dictatorul" Noriega era implicat în activități criminale și că refuzul său de a accepta drepturile de apărare ale SUA, pe care se bazează Tratatul Panama, punea în pericol întregul tratat.

„Drepturile de apărare" în acest caz însemnau staționarea trupelor americane în zone în care Maisto acționase pentru a stârni tulburări, o provocare deliberată, întrucât armata este pe deplin conștientă de pericolele inerente staționării trupelor în zone de tulburări civile. Dacă a învățat ceva din Irak, armata ar trebui să știe că este greșit să plaseze personalul militar american în mijlocul unei situații de nesuportat și volatile.

O altă neadevăr care trebuie demascat este povestea conform căreia generalul Noriega primea ajutor din Libia. Aceasta este o invenție menită să-l discrediteze pe Noriega. Sursele mele au investigat acuzațiile timp de trei luni și au constatat că nu aveau niciun fundament.

Departamentul de Stat a derulat o campanie de dezinformare cu ajutorul lui Ted Turner de la CNN, în același mod în care BBC a derulat campania sa de dezinformare d, împotriva șahului Iranului. Dar, în ciuda tuturor acestor lucruri, baia de sânge planificată pentru Panama prin campania de dezinformare și activitățile calomnioase ale lui John Maisto nu s-au materializat. Generalul Paredes, care, așa cum s-a explicat deja, era purtătorul de cuvânt al baronilor cocaină, al bancherilor și al susținătorilor lor politici, și-a alăturat vocea la crescendo-ul de calomnii împotriva generalului Noriega, prezicând consecințe grave pentru Panama dacă Noriega nu demisiona imediat. Președintele Reagan, care nu avea nici cea mai vagă idee cine erau cu adevărat „băieții răi", a stabilit termenul limită de aprilie 1988 pentru demisia lui Noriega. De parcă Panama ar fi făcut parte din SUA!

Când Noriega nu a dat curs cererii, termenul limită a fost prelungit până la jumătatea lunii mai. O sursă din Washington a declarat că Reagan voia să-l scoată pe Noriega din cale la timp pentru întâlnirea sa de „vârf" cu Gorbaciov. Norman Bailey și-a intensificat cererile ca Garda Națională din Panama să fie desființată, deoarece reprezenta un „pericol" pentru întreaga zonă.

În cadrul unui forum organizat la Universitatea George Washington din Washington D.C., Bailey a afirmat că Noriega nu va fi îndepărtat decât dacă poporul panamez va ieși în stradă și va fi împușcat și bătut. Dacă camerele de televiziune nu vor fi prezente pentru a înregistra astfel de evenimente, efortul va fi în zadar. Nu se va întâmpla nimic în Panama, nu veți scăpa de Noriega și de instituțiile PDF dacă oamenii nu ies în stradă, a spus Bailey. De aceea se afla Maisto în Panama, unde și-a pus în practică experiența de incitare a mulțimii dobândită în Coreea de Sud, Filipine și Haiti.

Ceea ce doreau Maisto și Bailey era un „Sharpeville" panamez — revolta provocată de Departamentul de Stat care a cuprins cartierul negru din Sharpeville, în Africa de Sud, și a dus la moartea a 70 de revoluționari negri — pe care camerele de filmat au fost convenabil la îndemână pentru a o înregistra. Sharpeville a fost un blestem pentru Africa de Sud de atunci. Picătura care a umplut paharul și l-a doborât pe Noriega a fost actul de acuzare emis de un mare juriu din Miami. Pentru a rezuma ceea ce se întâmplase deja în Panama:

Forțele din industria drogurilor și bancherii acestora s-au aliat cu establishmentul politic de la Washington pentru a scăpa de generalul Noriega și a-l înlocui cu un regim marionetă condus de la Washington. Care au fost motivele acestei acțiuni? În primul rând, Noriega distrugea comerțul profitabil și în plină expansiune cu cocaină și marijuana din Panama și, în al doilea rând, refuza să coopereze cu „Planul Andin" al lui Kissinger, care urmărea transformarea Americii Centrale într-un câmp de luptă de tipul celui din Vietnam pentru forțele americane.

Acestea au fost considerate motive suficiente pentru a pune Panama sub asediu. Care a fost rezultatul? Generalul Noriega a refuzat să demisioneze. Au fost apoi puse în mișcare situații fabricate, inclusiv adunări turbulente, dificultăți economice și tulburări de muncă, menite să facă Panama de neguvernat. În acel moment, armata SUA a intervenit, aparent pentru a asigura Canalul, dar, de fapt, se afla acolo pentru a-l răpi pe Noriega și a-l duce cu forța în Florida pentru a fi judecat. Așa a fost condusă politica externă a SUA față de Panama. Suntem o națiune potrivită să conducă Occidentul? Vă las să trageți propriile concluzii!

A fost generalul Noriega în vreun fel vinovat pentru tulburările din Panama? A fost el, în vreun fel, traficantul de droguri pe care Marele Juriu și Senatul l-au acuzat că ar fi fost? De ce s-a acordat brusc atât de multă atenție Panamei; o atenție chiar mai mare decât cea acordată Panamei la momentul predării Canalului nostru generalului „anti- -comunist" Omar Torrijos?

Când lovim pe cineva la portofel, putem fi siguri că doare. Și exact de asta era vinovat generalul Noriega. I-a lovit pe baronii drogurilor la portofel. A costat băncile care spălau bani murdari din droguri o mare parte din profiturile lor obținute pe căi necinstite. A discreditat bancherii. A tulburat status quo-ul; a dat forță legilor bancare din Panama. Mai mult decât atât, i-a stat în cale lui Henry Kissinger și a perturbat vânzările de arme israeliene în

America Centrală. A călcat pe bătături oamenilor puternici. Nu e de mirare că generalul Noriega a fost distribuit în rolul unui personaj negativ. Preşedinţia Carter a generat o explozie a comerţului cu cocaină. În termen de şase luni de la intrarea lui Carter la Casa Albă, situaţia noastră monetară era în dezordine. Rezerva Federală nu anticipase goana după dolari şi a avut mari dificultăţi în a satisface cererea băncilor din Florida. Sistemul monetar a fost aruncat într-un model haotic. În termen de şase luni de la preluarea preşedinţiei de către Jimmy Carter, băncile din Florida înregistrau venituri de peste 514 miliarde de dolari din cocaină.

Carlos Ledher, din cartelul columbian de droguri, a găsit un prieten înţelegător şi dispus să-l ajute în persoana doctorului Peter Bourne, consilierul lui Jimmy Carter la Casa Albă pe probleme de droguri. Trupa Allman Brothers, îmbibată de droguri, a fost primită la Casa Albă, în ciuda faptului că membrii ei erau consumatori de „cocaină”. Ledher şi-a cultivat „legătura cu Carter” şi, fără îndoială, s-a bucurat când Bourne a început să elibereze reţete pentru medicamente care creează dependenţă pentru prieteni şi colegi ~ fapt pentru care, întâmplător, a scăpat de pedeapsa cuvenită.

Astfel de condiţii de „boom” au creat o oportunitate minunată pentru baronii drogurilor, în special în Panama. Lui Torrijos nu-i păsa deloc de aceste întâmplări. Ceea ce îl interesa cel mai mult era să obţină controlul asupra Zonei Canalului şi să construiască o economie panameză viabilă, bazată pe „ ”. Dacă cocaina şi marijuana erau un mijloc pentru atingerea acestui scop, atunci aşa să fie! Atitudinea lui era „trăieşte şi lasă să trăiască!”

Administraţia Carter a susţinut cererile FMI ca America

Latină să cultive „culturi comerciale" (marijuana și cocaină) pentru a-și îndeplini obligațiile de datorie internaționale. FMI a încurajat oficial mai multe țări, inclusiv Jamaica și Guyana, să cultive „culturi comerciale" de droguri. Poziția FMI este consemnată. John Holdson, un înalt funcționar al Băncii Mondiale, a declarat că industria de coca este extrem de avantajoasă pentru producători și a adăugat: „Din punctul lor de vedere, pur și simplu nu puteau găsi un produs mai bun." Biroul columbian al FMI a declarat destul de deschis că, în ceea ce privește FMI, marijuana și cocaina sunt doar culturi ca oricare altele, care aduc valută străină atât de necesară economiilor țărilor din America Latină! Nu doar Banca Mondială și FMI au „aprobat" comerțul cu droguri.

Midland and Marine Bank a fost preluată de cea mai importantă bancă de droguri din lume, Hong Kong and Shanghai Bank, cu permisiunea expresă a fostului șef al Departamentului Trezoreriei, Paul Volcker, chiar dacă acesta știa foarte bine că scopul preluării era de a permite băncii Hongshang să-și facă un loc în comerțul bancar lucrativ cu cocaină din Panama. De fapt, achiziția Midland de către Hongshang a fost extrem de neregulamentară, fiind la limita unui act criminal. Midland Marine Bank se remarca printr-un aspect: funcționa ca bancă de compensare pentru băncile de droguri din Panama!

Așadar, nu a fost doar o coincidență faptul că Hong Kong and Shanghai Bank a urmărit-o! Nicolas Ardito Barletta făcea parte din consiliul de administrație al Midland Bank, la fel ca Sol Linowitz. Ciudat cum aceste nume apar mereu! Se pare că Linowitz nu a considerat că era un conflict de interese, când a venit momentul să „negocieze" cu Torrijos.

Dar ce zici de First Boston, implicată până peste cap în

spălarea banilor murdari din droguri împreună cu Credit Suisse? First Boston nu este o bancă oarecare. Proprietarii săi inițiali erau vechea familie Perkins din Estul Liberal, legată strâns de Imperiul White Weld din Elveția. Întâmplător, Perkins era agentul lui J.P. Morgan și al altor case britanice care operau în SUA. Faptul că Statele Unite ale Americii au făcut eforturi atât de extraordinare pentru a scăpa de un „dictator" al unei țări mici ar trebui să ne spună ceva. Ar trebui să ne facă curioși să aflăm ce se ascunde în spatele efortului concertat al bancherilor, politicienilor și șacalilor din presă de a-l scoate pe generalul Noriega din calea lor. Sper că, cu informațiile pe care vi le-am furnizat, veți putea acum să înțelegeți de ce Panama este încă sub asediu!

De la primele semne din 1986/87 că ceva nu a mers bine cu planurile bancherilor traficanților de droguri de a-l folosi pe generalul Manuel Noriega ca instrument, băncile Rockefeller și Wall Street au început să comploteze pentru a-l forța să părăsească funcția. Cu toate acestea, când toate încercările au eșuat, s-au luat în considerare măsuri mai drastice. În mod clar, până în 1988, Noriega devenise un obstacol serios în calea comerțului cu droguri din Panama. Vom examina acum eforturile extraordinare depuse de Rockefeller pentru a-l înlătura din cauza atacurilor sale asupra Băncii Ibero-Americane din Panama, precum și implicațiile care au urmat.

De ce a fost necesar ca președintele G.H.W. Bush să recurgă la o acțiune criminală, și anume invazia Panama și răpirea șefului său de stat? Au fost invocate multe motive pentru această acțiune cu adevărat fără de lege și vom examina câteva dintre ele. Dacă poporul american d, nu s-ar fi aflat într-o ceață permanentă, ar fi urmat un val uriaș de proteste împotriva invaziei Panama de către armata SUA.

Era Noriega angajat al Agenției Centrale de Informații? Credea acest lucru Alfredo Duncan, agentul DEA responsabil în Panama? Dacă da, acest lucru ar putea ajuta la explicarea comportamentului său ciudat. Conform rapoartelor unui agent DEA sub acoperire care a demisionat din serviciu, acesta credea că Duncan avea „o relație excelentă cu CIA".

Acesta era și zvonul care circula în jurul hotelului Marriott din Panama, cunoscut de traficanții de droguri drept „hotelul DEA". Același agent s-a plâns că nu a reușit niciodată să-l convingă pe Duncan „să facă ceva" în legătură cu operațiunile antidrog planificate în Panama, în care era nevoie de ajutorul său. Când s-a dat ordinul de arestare a unui bărbat numit Remberto, un baron al spălării banilor proveniți din droguri în Panama, Duncan aparent nu a făcut nimic, iar când a fost întrebat despre neglijența sa, a spus că Remberto a fost luat de CIA înainte ca el să poată lua măsuri.

Ulterior s-a afirmat că Remberto avea legături cu Noriega, dar nu s-a prezentat niciodată nicio dovadă care să susțină această afirmație. În 1986, Noriega a închis First Inter America Bank, după ce s-a dovedit fără echivoc că aceasta era deținută de Cartelul Cali.

Ce era Cartelul Cali? Era probabil unul dintre cele mai mari carteluri de droguri din Columbia, care se presupune că colabora cu agențiile guvernamentale americane împotriva Cartelului Medellin. *Washington Post* a recunoscut acest lucru. Unul dintre lobbyiștii oficiali ai Cartelului Cali era Michael Abbell, care a fost angajat al Departamentului de Justiție timp de 17 ani. Pe 28 și 29 octombrie 1989, președintele Bush și aliații săi au organizat o reuniune la nivel înalt în, Costa Rica, la care au participat lideri politici din America Centrală și de Sud. La conferința de presă care a urmat, președintele Bush le-a spus reporterilor: „Zilele acelui despot, dictatorul (Noriega), s-au terminat."

Acest lucru a transmis presei semnalul că problema „urgentă" a lui Noriega fusese acum rezolvată prin consultări comune cu Venezuela și Nicaragua, printre altele, deși Bush a încercat oficial să se distanțeze de președintele Daniel Ortega din Nicaragua. Indiferent cât de mult a încercat președintele Bush să dea impresia unui verdict unanim împotriva liderului panamez, faptul că majoritatea juriului, Bolivia, Guatemala și Republica Dominicană, nici măcar nu s-au prezentat la „proces", un fapt care se spune că i-a înfuriat pe Bush și pe șeful său executiv, James Baker III. Președintele Carlos Salinas Gortari ar fi trebuit să joace un rol cheie în afacerea linșajului. Poate că Gortari a decis că prudența este cea mai bună parte a curajului, după ce a evitat la limită un scandal major legat de droguri, în care unul dintre generalii săi de vârf a fost salvat de la arestare într-o tranzacție cu droguri datorită unui telefon de avertizare primit la timp de la procurorul general de atunci, Edwin Meese, cu privire la ceea ce urma să se întâmple. Președintele Venezuelei, Carlos Andreas Perez, el însuși departe de a fi un cavaler în armură strălucitoare, a fost cel despre care surse din serviciile de informații au afirmat că va avea loc o lovitură de stat împotriva lui Noriega sub acoperirea unei „forțe comune" pe 3 octombrie 1989, dar această încercare s-a soldat cu un eșec. La fel s-a întâmplat și cu încercarea de a presa națiunile latino-americane să rupă relațiile diplomatice cu Panama. Președintele Bush le-a spus șefilor de stat că ar fi bine să-i susțină planurile pentru o confruntare cu Noriega — altfel... Dar conferința s-a încheiat fără a se ajunge la un acord definitiv.

Acest lucru spune multe despre cât de mult se temea Bush de Noriega și cât de jos se putea coborî guvernul său pentru a-și atinge propriile scopuri. Bush s-a întâlnit cu „forțele de opoziție" panameze, așa-numita Alianță Civică a Opoziției Democratice din Panama, care era formată din personalități publice binecunoscute pentru legăturile lor cu bănci din Panama și Florida care spălau bani proveniți din traficul de droguri. Liderul acesteia, Guillermo Endara, a apărut la televizor și a cerut, practic, în mod deschis asasinarea lui Noriega.

La întoarcerea sa în Panama, Endara a negat că ar fi cerut vreodată o astfel de acțiune. Noriega a ripostat apoi împotriva complotiștilor din Costa Rica, convingându-l pe președintele Rodriguez să trimită o scrisoare deschisă președinților din America Latină, care conținea o copie a ofertei făcute Națiunilor Unite de a face din Panama sediul unei forțe multinaționale de combatere a drogurilor, un fapt pe care președintele Bush nu reușise să-l scoată în evidență.

Scrisoarea din 3 octombrie 1989 adresată ONU solicita înființarea unei astfel de forțe prin intermediul unui tratat internațional care să îi garanteze autoritate deplină în Panama, dar nu a existat niciun răspuns din partea administrației Bush sau a ONU. Scrisoarea mustra, de asemenea, Venezuela și alți „parteneri ai lui Bush" pentru că solicitau „democrație" în Panama, fără a menționa vreodată boicotul ilegal și urât impus de președintele Bush fără motive întemeiate sau valabile. Pe tot parcursul lunilor octombrie și noiembrie 1989, forțele americane din Panama au continuat să hărțuiască Forța de Apărare Panameză, în speranța de a crea un incident care să justifice intervenția militară americană, dar PDF nu le-a făcut pe plac. S-a arătat ulterior (mai 1989) că administrația Bush a modificat regulile de angajare pentru forțele americane din Panama.

De atunci, armatei i s-a ordonat să facă tot posibilul pentru a căuta confruntări cu PDF. Pentagonul se pregătea în secret să-i provoace pe soldații lui Noriega, trimițând convoaie prin periferia orașului Panama, ceea ce constituia o încălcar ă a tratatului cu Panama. Premisa de bază era că Noriega se va înfuria și va ordona PDF să se confrunte cu convoaiele americane, pregătind astfel terenul pentru o intervenție majoră a SUA.

La 8 iulie 1989, generalul Cisneros, comandantul Armatei Sud a SUA din Panama, a respins încercările Organizației Statelor Americane (OAS) de a negocia și de a soluționa criza. Generalul Cisneros a declarat că OAS

> „...nu va acționa suficient de ferm pentru a-l înlătura pe Noriega. Din punctul meu de vedere, cred că acesta este momentul potrivit pentru o intervenție militară în Panama."

De când face armata SUA declarații politice? Această acțiune a fost un fel de test pentru ceea ce avea Bush în minte pentru Irak. Pe 20 decembrie 1989, după ce toate celelalte metode au eșuat în a-l înlătura pe popularul Noriega, Bush a dat undă verde pentru un act de agresiune violentă împotriva poporului din Panama, care a dus la moartea a 7.000 de panamezi și la distrugerea întregii zone Chorrillo prin bombardamentul susținut al trupelor și avioanelor americane. Această acțiune a armatei americane a constituit un act deschis de agresiune împotriva unei națiuni aflate în pace și a constituit o încălcare gravă a Constituției SUA și a Convențiilor de la Haga și de la Geneva, la care SUA este semnatară.

Să examinăm motivele reale pentru care președintele Bush, fără a obține mai întâi o declarație de război din partea

Congresului, a intrat în război împotriva micii națiuni Panama și, în maniera unui desperado, a ordonat răpirea șefului statului? De ce a trebuit președintele Bush să recurgă la astfel de mijloace disperate pentru a scăpa de Noriega? De ce a recurs Bush la astfel de tactici de gangster? Conform anumitor rapoarte, unul dintre motivele principale a fost acela de a avertiza națiunile latino-americane că, de acum înainte, dacă nu vor face voia Washingtonului, și ele se vor confrunta cu amenințarea unei acțiuni militare a SUA.

Nu există niciun motiv să credem că campania masivă de propagandă din jurul acțiunii militare ilegale a SUA împotriva Panama și Noriega, despre care președintele ar vrea să convingă lumea că va pune capăt traficului de droguri din Panama și pe care l-a acuzat pe Noriega că îl conduce, a avut succes, chiar și parțial. Nu există niciun precedent în Constituția SUA sau în dreptul internațional care să fi permis un atac neprovocat asupra Panama.

Ce dovezi concrete a prezentat președintele Bush pentru a-și susține acuzațiile? Nu a fost prezentată nici măcar o fărâmă de dovadă. Trebuia pur și simplu să-l credem pe cuvânt pe președinte. Care au fost atunci obiectivele invaziei? Primul obiectiv a fost distrugerea Forțelor de Apărare din Panama, singura forță capabilă să mențină ordinea publică în țară. Odată atins acest obiectiv, următorul pas a fost instalarea, prin cele mai nedemocratice mijloace posibile, a unui regim marionetă format din persoane cu legături strânse cu băncile care spălau bani proveniți din droguri și cunoscuți susținători de lungă durată ai familiei Bush.

A existat un alt obiectiv, secundar, în distrugerea PDF, și acesta a implicat Tratatele Canalului Panama, în temeiul cărora SUA și Panama urmau să asigure o apărare comună a Canalului. Aceasta urma să fie eliminată treptat în 1999, moment în care PDF ar fi fost suficient de puternică pentru a prelua întreaga responsabilitate de menținere a ordinii în Canal, iar forțele militare americane ar fi fost obligate să părăsească țara. O prevedere cheie a tratatelor stipula că, în cazul în care Panama nu își îndeplinea obligațiile de a asigura o astfel de forță de securitate, „prezența militară americană î a urma să fie menținută”. Aceasta a fost considerată o prevedere „bună” atunci când a fost introdusă de Sol Linowitz, cel care a redactat tratatele. Ea a fost inclusă pentru a împiedica orice viitor lider panamez să „iasă din rând”, deși nu se prevedeau probleme cu Omar Torrijos.

Când Torrijos a început să renunțe la înțelegerile sale personale cu David Rockefeller privind protejarea băncilor care spălau bani proveniți din droguri, nu era posibil în acel moment să se distrugă PDF, deși s-au făcut numeroase încercări de a declanșa o revoltă care să divizeze corpul, toate eșuând. Torrijos a fost, prin urmare, „lichidat” în stilul CIA. „Lichidarea” a devenit limbajul CIA după mandatul lui Alan Dulles în calitate de lider al acesteia. Înainte de acea perioadă, cuvântul nu fusese folosit niciodată de vreo agenție de informații americană. Era strict un cuvânt al lui Stalin.

De ce ar fi de dorit menținerea permanentă a forțelor americane în Panama? Răspunsul îl oferă izbucnirea Războiului din Golf și a doua invazie a Irakului de către forțele americane. SUA au dorit să staționeze o forță de intervenție rapidă în Panama pentru a o folosi împotriva oricăror națiuni recalcitrante din America Latină și Caraibe, în același mod în care o forță de intervenție rapidă va fi staționată permanent în Irak pentru a face față țărilor musulmane care ar putea regreta că s-au împrietenit cu SUA.

Aceasta este așa-numita „doctrină a proiecției hemisferice" stabilită de planificatorii Pentagonului. Vom vedea baze permanente similare în multe părți ale lumii, inclusiv în Pakistan, Coreea de Sud, Somalia, Iran și Afganistan, pe măsură ce Statele Unite își asumă rolul de „băț mare" pentru ordinea globală pe care am ajuns să o cunoaștem sub numele de Noua Ordine Mondială. Cu toate acestea, până în prezent nu s-a ridicat nicio voce de protest împotriva acestui lucru în Senat. Eu,, aș putea adăuga, fără modestie, că aceste evenimente au fost prezise în cartea mea, *One World Order, Socialist Dictatorship.*[1]

Panama a devenit importantă ca bază pentru operațiunile SUA împotriva națiunilor din America Latină, care, la un moment dat în viitor, s-ar putea rebela împotriva colectorului de tribut, FMI, pe măsură ce își văd popoarele și națiunile dispărând în mlaștina creată de cămătarii internaționali. În mod clar, ar fi necesară o acțiune imediată din partea „forței de poliție internaționale" a FMI, Statele Unite ale Americii, în cazul oricărei încercări a oricărei țări de a da afară FMI. Astfel, bazele de la Fort Clayton au căpătat o nouă importanță. America Latină a fost intimidată și speriată de cruzimea acțiunilor militare americane din Panama. Sincer vorbind, liderii acestor națiuni nu se așteptau la asta, iar când s-a întâmplat, ferocitatea i-a speriat, ceea ce era exact ceea ce trebuia să se întâmple.

---

[1] *„O dictatură socialistă a ordinii mondiale"*, John Coleman, Omnia Veritas Ltd, www.omnia-veritas.com.

Evident, majoritatea liderilor latino-americani credeau că Ordinul Skull and Bones era un fel de organizație binevoitoare, „ca Shriners”, care ar fi contribuit la „o Americă mai bună și mai blândă”, după cum a spus un oficial.

Ei nu știau aproape nimic despre implicarea Coroanei Britanice în afacerile SUA, nici despre legăturile sale de lungă durată cu traficul de droguri. În sprijinul informațiilor menționate anterior a venit oferta lui Endara, instalat cu forța și în mod nedemocratic, ca după anul 2000, toate bazele din Panama să fie puse la dispoziția armatei SUA.

Al doilea obiectiv al invaziei lui Bush în Panama a fost instalarea unui nou guvern format din marionete selectate, cu o istorie de alianțe de lungă durată cu băncile, ale căror activități principale erau spălarea banilor proveniți din droguri pentru unele dintre cele mai proeminente carteluri de cocaină. În acest sens, lui Bush i s-a ordonat să protejeze interesele băncilor Rockefeller din Panama, pe care generalul Noriega începuse să le demască și amenința să le distrugă. Într-adevăr, acest obiectiv al lui Bush a fost atins.

Al treilea obiectiv al invaziei din Panama a fost acela de a prezenta poporului american că aceasta era o escaladare majoră a războiului președintelui împotriva drogurilor, acea acțiune mitică, inexistentă, care nu duce nicăieri. Prin invadarea Panama, Bush știa că „războiul său împotriva drogurilor” va primi un impuls puternic, în special la Capitol Hill, unde legislatorii deveneau nerăbdători din cauza lipsei de progrese și se aflau sub presiune constantă pentru legalizarea drogurilor. Următoarea fază urma să fie declanșarea unui „război împotriva terorismului”, care urma să aibă o amploare globală și o durată nedeterminată.

Până în februarie 1990, începuseră să se întâmple lucruri foarte ciudate. Mass-media americană, întotdeauna un apărător ferm al lui Bush și al guvernării sale autocratice, a început să scoată sunete neobișnuite. De exemplu, luați raportul publicat în New York Times din 7 februarie. Chiar și ținând cont de faptul că ziarul este un avanpost al serviciilor secrete britanice, condus de manageri americani, totuși nu are niciun sens de ce ziarul ar fi publicat adevărul.

Referindu-se la articole anterioare, este remarcabil modul în care *New York Times* (NYT) i-a numit chiar pe oamenii pe care i-am criticat pentru că erau prea apropiați de băncile corupte care spălau bani proveniți din traficul de droguri. Sub titlul „Panama rezistă presiunii SUA de a modifica legile bancare inadecvate”, articolul afirma:

> O analiză aprofundată a înregistrărilor bancare și a documentelor judiciare din Panama arată că mulți lideri de rang înalt din guvern (instalați de SUA), deși nu au fost niciodată acuzați de spălare de bani, au legături puternice cu bănci corupte. Mai multe dintre aceste bănci au fost fie acuzate de spălare de bani, fie închise din cauza presiunilor exercitate de Statele Unite.

Articolul nu menționa că aceste bănci fuseseră închise ca urmare a acțiunilor lui Noriega și că SUA nu îl susținuseră pe acesta. După examinarea tuturor faptelor, piesele puzzle-ului au început să se potrivească. Desigur, *New York Times* încerca să arate că SUA au fost instigatorul închiderii băncilor, când acest lucru nu era deloc adevărat și, mai mult, prin transferarea vinei pentru „rezistența” la schimbările care ar fi provenit de la Washington, se putea crea impresia că SUA duceau într-adevăr un război împotriva drogurilor, dar că noul guvern nu coopera, ceea ce, cititorul trebuie să recunoască, era o manevră destul de inteligentă.

Articolul continua astfel:

> Preşedintele Guillermo Endara a fost timp de ani de zile director al unei bănci panameze utilizate pe scară largă de cartelul Medellin din Columbia.

A fost o satisfacţie pentru mine să primesc confirmarea informaţiilor furnizate cu mulţi ani în urmă în monografiile mele despre Panama, chiar şi dintr-o sursă atât de neaşteptată. Banco Interoceanico de Panama, una dintre cele douăzeci şi patru de bănci panameze numite de FBI ca fiind implicate în spălarea banilor proveniţi din droguri, este banca la care se referea New York Times. Articolul continua astfel:

> Domnul Endara a fost avocat corporativ înainte de a deveni preşedinte şi este un prieten apropiat al lui Carlos Eleta, un om de afaceri panamez care a fost arestat în Atlanta în aprilie (1989) sub acuzaţia de conspiraţie pentru înfiinţarea unei reţele majore de trafic de cocaină. Eliberat pe cauţiune, acesta aşteaptă acum procesul.

Desigur, *New York Times* nu a mers până la capăt, dar ceea ce nu a spus se poate găsi aici, şi anume că nu numai Endara era implicat până peste cap în afaceri bancare de spălare de bani, ci şi prietenii săi, foarte apreciaţi de administraţia Bush.

Alţi membri proeminenţi ai „cabinetului Panama" al administraţiei Bush includ următorii:

Rogelio Cruz

Cruz este procuror general al Panama. El a fost anterior director al Primei Bănci Interamericane de Dezvoltare.

Această bancă era deținută de Gilberto Rodriguez Orejuela, unul dintre liderii Cartelului Cali din Columbia, pe care l-am menționat anterior.

Guillermo Billy Ford

Este al doilea vicepreședinte și președinte al comisiei bancare. De asemenea, se întâmplă să fie coproprietar al Băncii Dadeland, care a fost menționată în mod specific în monografiile mele ca fiind o bancă implicată în spălarea de bani proveniți din traficul de droguri. Banca a fost, de asemenea, camera de compensare a banilor proveniți din traficul de droguri pentru Gonzalo Mores, principalul spălător de bani al cartelului Medellin.

Ricardo Calderon

Calderon este primul vicepreședinte al Panama, iar documentele arată că familia sa a fost puternic implicată în bănci suspecte.

Mario Galindo

Galindo și familia sa, la fel ca Calderon, au fost implicați în bănci suspectate de spălare de bani proveniți din traficul de droguri, una dintre acestea fiind Banco del Istmos, al cărei președinte, Samuel Lews Galindo, era rudă cu Mario Galindo.

Toate aceste informații erau bine cunoscute de Ivan Robles, angajat al Dadeland Bank, și de Antonio Fernandez, care introducea ilegal tone de marijuana în Statele Unite. În 1976, rețeaua lui Fernandez a început să cumpere acțiuni la Dadeland Bank, deținută în comun de Ford, Eisenmann și

Rodriguez. Președintele Bush l-a întâmpinat călduros pe Rodriguez ca pe trimisul lui „Porky" Endara în Statele Unite. Prin numirea acestor oameni în funcții de conducere în guvernul panamez, administrația Bush părea să fi reușit în al doilea obiectiv al său, acela de a facilita, nu de a îngreuna, funcționarea traficului de droguri în Panama, ceea ce, așa cum am spus mai devreme, era al doilea obiectiv al invaziei din Panama.

După apelurile pentru abrogarea legilor privind secretul de stat din Panama, în apărarea poziției sale, Ford a spus că nu era nevoie să se schimbe legea: „Secretul de stat nu va fi folosit în scopuri ilegale." Alții, precum Controlorul, au spus că Panama nu avea de gând să schimbe nicio lege.

> „Nu trebuie să ne schimbăm întregul sistem juridic din cauza drogurilor. Nu putem schimba întregul nostru sistem juridic din cauza unui singur lucru, drogurile",

a spus Ruben Diaro Carlos. Nimeni nu a îndrăznit să menționeze că tocmai asta era ceea ce făcea Noriega și principalul motiv pentru care trebuia înlăturat cu forța.

Pe 31 decembrie 1989, prestigiosul ziar brazilian *Jornal do Brasil*, cel mai mare cotidian al țării, a publicat un articol pe prima pagină sub titlul „Relații periculoase cu traficanții de droguri", în care menționa numele unor membri ai „cercului restrâns" al guvernului Bush din Panama. Aceștia sunt oamenii care au declarat, înainte de pronunțarea verdictului în procesul lui Noriega de la Miami

> „... dacă generalul Noriega va fi achitat la Miami, îl vom acuza de crimă".

Am tradus articolul, care spunea, în esență, că Guillermo

Endara ar fi deosebit de vulnerabil din cauza legăturilor sale cu Carlos Eleta, „acuzat de spălarea a 600 de kilograme de cocaină și de spălarea banilor proveniți din traficul de droguri în SUA". Articolul menționa, de asemenea, numele fratelui vicepreședintelui Calderon, Jaime Calderon, care avea legături cu First Inter Americas Bank, deținută de Gilberto Orejula, acuzat în 1985 de transferul a 46 de milioane de dolari, provenit din vânzarea de droguri, către sucursala Banco Cafetero Panama din New York. Articolul afirma că Billy Ford era implicat, alături de ambasadorul la Washington, Carlos Rodriguez, și de Bobby Eisenmann, în spălarea banilor proveniți din traficul de droguri prin intermediul Dadeland National Bank of Florida.

Într-un subtitlu, Guillermo Endara este descris ca „un mizerabil peon în jocul americanilor". Articolul spunea: „Endara este numit Pan Dulce (Pâine dulce), gras și moale". Articolul continua spunând că Endara făcea parte dintr-una dintre familiile sărace ale oligarhiei albe, care erau prezente pe scena politică încă din 1904:

> Endara și-a început viața politică ca un avocat obscur în Panama City, în cadrul firmei de avocatură a lui Galileo Soliz, ministru de externe într-unul dintre guvernele lui Anulfo Arias... Endara nu a avut niciodată idei proprii, era credincios ca un cățeluș și repeta ceea ce spunea Arias, motiv pentru care probabil Bush l-a ales să fie „omul său de încredere".

Erau aceștia genul de oameni pe care Bush îi voia la conducerea Panama? Se pare că da, însă, deși există multe motive pentru a îndrepta degetul acuzator către „guvernul Bush" din Panama, niciun element care să-l implice pe Manuel Noriega nu a fost prezentat vreodată în instanță. Nu era acesta un aspect pe care un mare juriu american ar fi trebuit să-l investigheze cu mult timp în urmă? Este acesta unul dintre motivele pentru care Noriega a fost ținut în izolare atât de mult timp? Se temea Departamentul de Justiție de ceea ce ar fi putut spune Noriega în boxa martorilor?

Evoluțiile din Panama arată cât de falsă a fost de fapt războiul împotriva drogurilor al lui Bush. Nu sunt prea mulți oameni care să nu creadă acest lucru și, desigur, acesta este cel mai mare atu pe care îl au susținătorii legalizării drogurilor. Atitudinea lor este: „Uitați-vă, nici măcar vastele resurse ale Statelor Unite nu sunt suficiente pentru a opri traficul de droguri.

De ce să încercăm să luptăm împotriva inevitabilului? De ce să nu facem legi care să centralizeze controlul și să scoată drogurile din mâinile elementelor criminale?" Există cei care fac lobby în Congres și care au amenințat cu războiul civil dacă acest lucru nu se va face în curând. Prezentarea constantă în știrile de seară a „brutalității poliției" îndreptată, se presupune, în principal împotriva celor săraci din marile orașe ale SUA are efectul dorit. Nu ar trebui să ne imaginăm că astfel de reportaje sunt „știri". Scopul și obiectivul „știrilor" marilor rețele în acea perioadă era să le bage în cap celor săraci că ei sunt victimele brutalității poliției, în timp ce „băieții mari", de obicei albi, scapă basma curată. Liderii negri d ul cereau fie ca „presiunea" asupra populației negre să fie eliminată, fie ca drogurile să fie legalizate.

Invazia din Panama a oferit lobby-ului drogurilor un argument. „Dacă asta nu a oprit fluxul de droguri, cum se așteaptă ca poliția să facă față?", au întrebat ei. Unul dintre liderii pro-legalizarea drogurilor, Andrew Weill, a declarat la o conferință a Fundației pentru Politica Drogurilor că, din cauza brutalității poliției împotriva negrilor din mediul urban în timpul raidurilor antidrog, ar putea izbucni un război civil în orice moment. Directorul executiv al Uniunii Americane pentru Libertăți Civile, Ira Glasser, a declarat în fața audienței că legalizarea drogurilor a devenit o chestiune de dreapta, susținută de personalități precum George Schultz, William F. Buckley și Milton Friedman. Glasser a îndemnat națiunea să „treacă peste aspectele negative și să înceapă să câștige de partea sa poliția, legislatorii și publicul" în ceea ce privește ideea legalizării drogurilor.

Kevin Zeese, vicepreședinte și consilier general al Fundației pentru Politica în materie de Droguri, a declarat:

> Războiul împotriva drogurilor este mai dăunător decât drogurile în sine. Cam asta este esența problemei. Este războiul împotriva drogurilor mai periculos pentru societatea noastră decât drogurile în sine? Putem aborda problema drogurilor într-un mod mai puțin costisitor pentru societatea noastră – nu doar din punct de vedere economic, ci și din punct de vedere uman?

Zeese a continuat spunând că heroina era o modalitate de a scăpa de suferință, pe care, deși nu o susținea, o putea înțelege. Acum că generalul Noriega, răpit, zace într-o închisoare federală din Miami, ce intenționează Departamentul de Justiție al lui Bush să facă cu el?

Unul dintre lucrurile derutante pe care vreau să le menționez este tăcerea asurzitoare a organizațiilor pentru libertăți civile din această țară „ " și din întreaga lume cu privire la crimele comise împotriva lui de către guvernul SUA. Ne-am imagina că răpirea unui șef de stat ar atrage urale de protest din partea acestor gardieni ai libertății. Cu toate acestea, nu s-a întâmplat nimic de genul acesta.

Imaginați-vă care ar fi fost rezultatul dacă Nelson Mandela ar fi fost răpit în Africa de Sud și dus, să zicem, în Italia pentru a fi judecat. Ar fi existat un vacarm și o agitație fără sfârșit până la eliberarea lui Mandela. Răpirea și încarcerarea ilegală a lui Noriega evidențiază faptul că avem un standard dublu deplorabil în această țară, unul pe care, aparent, poporul american nu îl consideră atât de grav, sau poate că a fost supus unei spălări de creier de către presă?

De ce a fost amânat atât de mult procesul generalului Noriega? La urma urmei, toate încălcările posibile ale drepturilor sale fuseseră deja comise, cum ar fi monitorizarea convorbirilor telefonice cu avocatul său și înghețarea fondurilor sale, astfel încât să fie forțat să accepte un apărător din oficiu. De asemenea, având în vedere că SUA dețineau controlul deplin și neîngrădit asupra Panama, ne-am fi așteptat ca Departamentul de Justiție să dispună de probele documentare necesare pentru a-l urmări penal cu succes. De ce această întârziere lungă și nepotrivită? O justiție întârziată nu înseamnă o justiție negată?

Pe 16 noiembrie 1990, Noriega a făcut o declarație în fața judecătorului William Hoevler, care merită repetată, deoarece arată măsura în care justiția a fost prostituată în cazul Noriega:

> Mă aflu acum la mila unui sistem total de nedrept și injust, care îmi alege procurorii și, acum, îmi alege și avocatul apărării. Când am fost adus în Statele Unite, am crezut, în mod eronat, că voi avea parte de un proces echitabil. Pentru ca acest lucru să se întâmple, am crezut, de asemenea, că voi putea să-mi folosesc banii pentru a angaja avocați la alegerea mea. Este dureros de evident că

guvernul Statelor Unite nu dorește ca eu să mă pot apăra și a făcut tot posibilul pentru a mă priva de un proces echitabil și de o procedură corectă.

Mi-au luat banii, m-au privat de avocații mei, m-au filmat în celulă, mi-au interceptat convorbirile telefonice cu avocații mei și chiar le-au dat guvernului din Endara și presei. Guvernul Statelor Unite a ignorat statutul meu de prizonier de război și a încălcat Convenția de la Geneva.

Cel mai grav este că nu au acționat într-o manieră umanitară. În ciuda cererilor repetate ale Crucii Roșii Internaționale, mi-au încălcat drepturile omului refuzându-le soției și copiilor mei vizele pentru a-și vizita soțul și tatăl, ceea ce constituie o încălcare rușinoasă a dreptului internațional.

Evident, este în beneficiul guvernului Statelor Unite faptul că nu mă pot apăra, pentru că se tem de ceea ce știu. Acesta nu este un caz despre droguri. Îmi dau seama că acest caz are implicații la cele mai înalte niveluri ale guvernului Statelor Unite, inclusiv la Casa Albă.

Nu mi-am făcut niciodată iluzii că acest caz se va desfășura în condiții echitabile, dar nici nu m-am așteptat la o adevărată armată de procurori și anchetatori pe un câmp de luptă atât de inegal, unde sunt permise doar avocați care nu primesc niciun fel de remunerație și cărora li se permit doar pistoale, în timp ce procuratura dispune de arme nucleare. Ei numesc asta o luptă echitabilă; bătălia pe care o am în față este foarte asemănătoare cu cea de când Statele Unite au invadat țara mea. Aceea a fost o luptă inegală și nedreaptă, la fel ca și aceasta.

Situația în care s-a aflat Noriega este situația cu care orice american s-ar putea confrunta într-o zi, din cauza unui guvern corupt și brutal. Situația dificilă a lui Noriega a transformat Ziua Independenței într-o batjocură. Ea transformă în batjocură Constituția Statelor Unite, „ ". Între timp, nu se aude nici o singură voce în apărarea lui Noriega, iar pentru mine, acesta este unul dintre cele mai rușinoase lucruri dintr-o situație rușinoasă. Aceasta nu este o situație care poate fi ignorată, deoarece ceea ce i s-a întâmplat lui Noriega este responsabilitatea fiecărui american. Ceea ce a fost în mare parte ignorat de mass-media a fost faptul că, prin invadarea Panama și răpirea generalului Noriega, Statele Unite au încălcat nu numai Constituția SUA, ci și Carta Organizației Statelor Americane (OAS) la care sunt semnatare, în special articolele 18, 15, 20 și 51.

Articolul 18 prevede:

> Niciun stat sau grup de state nu are dreptul să intervină, direct sau indirect, din orice motiv, în afacerile interne sau externe ale oricărui alt stat.

Articolul 20 prevede:

> Teritoriul unui stat este inviolabil; acesta nu poate fi obiectul, nici măcar temporar, al unei ocupații militare sau al altor măsuri de forță luate de un alt stat.

Anterior, m-am referit la faptul că Bush nu a obținut o declarație de război din partea Congresului înainte de a invada Panama. În schimb, Bush a ales să ocolească Constituția, informând Congresul că invocă Legea privind situațiile de urgență națională, din cauza unei stări de urgență națională cauzată de

> „o amenințare neobișnuită și extraordinară la adresa securității naționale și a politicii externe a SUA reprezentată de Republica Panama".

Această așa-zisă lege este o farsă totală, o „table rasa”, o bucată de hârtie fără valoare menită exclusiv să submineze Constituția SUA.

Președintele a mințit publicul american când, pe 20 decembrie 1989, a spus:

> Vinerea trecută, generalul Noriega a declarat că dictatura sa militară se află în stare de război cu Statele Unite.

De fapt, nu exista niciun fel de dovadă care să susțină o acuzație atât de absurdă.

Pe scurt, a fost o minciună flagrantă. În ciuda a tot ceea ce a făcut sau a spus președintele, acesta nu a reușit să obțină o declarație de război împotriva Panama, lucru pe care urma să-l repete atunci când a trimis această națiune la război împotriva Irakului și care va marca probabil începutul sfârșitului Constituției SUA.

O altă minciună a președintelui a fost afirmația sa din 20 decembrie că

> „amenințările și atacurile nesăbuite ale generalului Noriega asupra americanilor din Panama au creat un pericol iminent pentru cei 35.000 de cetățeni americani din Panama”.

Adevărul este că a existat un singur atac asupra militarilor americani, care a rezultat din planul deliberat de confruntare ordonat de generalul Cisneros. Această singură tragedie a avut loc când trei pușcași marini americani au trecut cu mașina prin trei puncte de control diferite ale PDF. După ce au fost opriți la al patrulea, a avut loc o altercație între PDF și pușcașii marini, care nu purtau uniformă.

Marinarii au plecat apoi cu mașina și, după ce li s-a cerut în repetate rânduri să oprească, s-au tras focuri de armă, unul dintre ele dovedindu-se fatal. Președintele Bush este vinovat pentru moartea acestui soldat. Pe baza acestei singure tragedii, Bush și-a întemeiat afirmația absurdă că generalul Noriega declarase război Statelor Unite și „amenința integritatea Tratatelor privind Canalul Panama". Ceea ce secretarul Cheney a spus publicului american a fost că administrația Bush avea planuri de invazie pregătite încă din martie 1989.

Secretarul Cheney însuși a confirmat acest lucru când a declarat pe 20 decembrie:

> Ordinul a fost dat duminică seara târziu pentru a pune în aplicare planul care exista de ceva timp. A fost unul dintre primele puncte despre care am fost informat când am devenit secretar al apărării în primăvara trecută.

Cheney era un scandalagiu inveterat, un maestru al înșelăciunii, iar Statele Unite sunt destinate să piardă o mare parte din tezaurul și fiii lor ca urmare a duplicității acestui om. Ar trebui să i se interzică să mai ocupe vreo funcție publică în viitor. O altă minciună a administrației a fost anunțul făcut de Marlin Fitzwater, vorbind în numele președintelui pe 20 decembrie 1989. Fitzwater a declarat națiunii că „integritatea Tratatelor privind Canalul Panama este în pericol". La aceeași dată, James Baker III a declarat presei că unul dintre obiectivele invaziei americane era „apărarea integrității drepturilor Statelor Unite în temeiul articolului IV din Tratatele privind Canalul Panama". Dar când a fost rugat să enumere exact ce amenințări a făcut Noriega împotriva integrității tratatelor, Baker nu a putut da nici măcar un singur exemplu. Răspunsul său a fost:

> Ei bine, asta este foarte speculativ, în afară de... Adică, permiteți-mi să spun pur și simplu, cu tot respectul, că am afirmat anterior că anticipam că ar putea apărea probleme în ceea ce privește Canalul, dacă Noriega ar fi continuat să dețină puterea în mod ilegitim. În ceea ce privește provocările la adresa integrității drepturilor noastre din ultimii doi sau trei ani, aș face referire pur și simplu la — în ultimul an sau cam așa — poate ar trebui să dau puțin înapoi, dar, în ultimul an sau cam așa, vă trimit la modelul continuu de hărțuire pe care l-am văzut acolo împotriva americanilor în exercitarea drepturilor noastre prevăzute de tratat.

Această „dovadă" stângace, șovăitoare, neîndemânatică și născocită în grabă, conform căreia Noriega ar fi amenințat drepturile SUA asupra Canalului, a fost tot ce a putut găsi Baker. Ce mincinos jalnic s-a dovedit a fi. Cu toate acestea, pe baza unor dovezi total nefondate și nejustificate, prezentate de președintele Bush, secretarul Cheney și secretarul Baker, această națiune a comis o invazie grav ilegală a unui stat suveran cu care avea un tratat și a încălcat dreptul internațional și constituțional.

Prin răpirea generalului Noriega, guvernul nostru s-a coborât la nivelul piraților de pe Coasta Barbariei și, făcând acest lucru, a călcat în picioare Constituția SUA și dreptul internațional. Fie că ne place sau nu, fie că aceste cuvinte par dure și condamnatorii, faptele sunt fapte și nu pot fi negate. Ca națiune, suntem cu toții la fel de responsabili ca președintele Bush pentru comportamentul ilegal al administrației sale, deoarece am stat deoparte și am permis ca acest lucru să se întâmple fără nici măcar un murmur de protest.

Președintele Bush a apărut la televizor pentru a le spune americanilor că unul dintre motivele pentru care a ordonat invadarea Panama a fost „apărarea democrației".

Deși niciunul dintre noi nu și-a dat seama, acesta urma să fie unul dintre pretextele pentru a intra în război împotriva Irakului. Democrația trebuia să fie salvată în Irak,, fără să conteze că în acea dictatură nu existase nici măcar o urmă de democrație până atunci. În plus, Statele Unite nu sunt o democrație, ci o republică. Și nici nu suntem jandarmii lumii.

Nu mai suntem o națiune a legilor de la războiul nostru de genocid împotriva Irakului! Democrația era vie și funcționa în Panama. În ciuda a doi ani de amestec grosolan, adesea brutal și flagrant în treburile interne ale Panamei, încălcând grav Tratatul OAS la care SUA este semnatară, și în ciuda a cel puțin două tentative criminale de asasinare a generalului Noriega în mai 1989, au avut loc alegeri naționale.

Care a fost reacția președintelui Bush? Susținută puternic de șacalii din mass-media, administrația Bush a cheltuit peste 11 milioane de dolari pentru a susține platforma opoziției puternic implicată în traficul de droguri a lui Endara, Billy Ford și Calderon.

Bazându-se pe experiența acumulată în alegerile din Filipine, la care au participat toate ramurile guvernului SUA, inclusiv serviciile noastre de informații, Bush a ordonat aplicarea „scenariului Marcos" împotriva poporului din Panama. Banda lui Endara, finanțată de Bush, a declanșat o undă de tulburări, a furat urnele de vot pentru ca voturile să nu poată fi numărate, strigând în același timp cu voce tare că voturile „au fost falsificate". A fost o repetare înfiorătoare a alegerilor din Filipine, completată de

„observatori internaţionali" plătiţi şi de obişnuita trupă de şacali din mass-media, toţi urlând în sprijinul acestor minciuni şi prefigurând în mod ameninţător evenimentele care urmau să aibă loc chiar în SUA.

În mijlocul haosului creat de Bush şi neputând număra voturile, guvernul panamez a făcut ceea ce ar fi făcut orice alt guvern d, a anulat alegerile. Nu exista altă cale pe care ar fi putut-o urma, având în vedere operaţiunile masive şi omniprezente de sabotaj desfăşurate de administraţia Bush. În orice caz, asta era ceea ce Bush spera să se întâmple. Chiar şi atunci, guvernul panamez era nerăbdător să dovedească lumii că încerca să facă ceea ce era corect. A oferit bandei Endara, implicată în traficul de droguri, din opoziţie, oportunitatea de a participa la un guvern de coaliţie.

La sfatul Washingtonului, această ofertă generoasă a fost respinsă de „bietul alb de rând" Endara. Aşa cum urma să vedem în „negocierile" din Irak, Bush era hotărât să distrugă PDF, să-l răpească pe Noriega şi să ocupe Panama, iar nicio bunăvoinţă oferită de oameni drepţi nu avea voie să-i stea în calea obiectivelor sale. Într-adevăr, sub administraţia Bush, America a devenit cea mai malefică naţiune din lume, un adevărat tiran şi un agresor.

Într-unul dintre cele mai uimitoare şi mai sfidătoare acte din cariera sa, preşedintele Bush a declarat banda lui Endara, implicată în traficul de droguri, drept „guvernul oficial al Panama". Aceşti oameni, atât de profund implicaţi în bănci care spălau bani din traficul de droguri, au fost „investiţi" într-o bază militară a Statelor Unite. Dacă a existat vreodată o lege a junglei, aceasta a fost. Apoi, 45 de minute mai târziu, Statele Unite au invadat naţiunea suverană Panama într-unul dintre cele mai flagrante acte de agresiune văzute în acest secol. Dacă aceasta a fost democrația în acțiune, atunci Dumnezeu să ajute America, pentru că ceea ce s-a întâmplat în Panama se va repeta cu siguranță pe plan intern și, de fapt, peste tot, pe măsură ce Partidul Republican devine partidul constructor de imperii.

Am lăsat răul să triumfe alegând să rămânem tăcuți. Am fost indiferenți față de suferința altor națiuni aflate în mâinile „ e" ale SUA, așa că, atunci când va veni rândul nostru, nu vom avea pe cine să dăm vina decât pe noi înșine. Lipsa noastră de protest, ba chiar aprobarea noastră față de legea junglei în acțiune în Panama și în Irak, ne face demni de pedeapsa lui Dumnezeu Atotputernicul, care cu siguranță va cădea asupra acestei națiuni din cauza toleranței noastre față de faptele rele. Oriunde călătoresc, văd afișe și panouri publicitare: „Dumnezeu să binecuvânteze America" și trebuie să mă întreb de ce Dumnezeu ar binecuvânta America când atâtea rele se fac în numele ei?

O altă scuză pentru invadarea Panama invocată de președintele Bush a fost că intram în Panama „pentru a combate traficul de droguri". Iată ce a avut îndrăzneala să spună Bush pe 20 decembrie 1989, în timp ce își pregătea „Discursul de Crăciun" adresat poporului din Panama și din SUA. O examinare a dosarelor DEA va revela rapid că John Lawn, fostul șef al DEA, a menționat frecvent, în termeni elogioși, cooperarea deplină pe care a primit-o din partea generalului Noriega, a PDF și a guvernului panamez. În timp ce generalul Noriega era la conducere, problema drogurilor s-a atenuat în mod evident.

Pe 27 mai 1989, John Lawn i-a scris lui Noriega felicitându-l pentru ajutorul deosebit primit în confiscarea cu succes a conturilor bancare ale traficanților de droguri, pe care Lawn a numit-o „cea mai de succes operațiune sub acoperire din istoria aplicării legii federale".

Lawn a declarat următoarele:

> Încă o dată, DEA din Statele Unite și autoritățile de aplicare a legii din Republica Panama și-au unit eforturile pentru a da o lovitură eficientă traficanților de droguri...

Angajamentul dumneavoastră personal față de OPERAȚIUNEA PISCES și eforturile competente, profesionale și neobosite ale altor oficiali ai Republicii Panama au fost esențiale pentru rezultatul pozitiv final al acestei investigații.

Traficanții de droguri din întreaga lume sunt acum avertizați că veniturile și profiturile obținute din activitățile lor ilegale nu sunt binevenite în Panama.

Nu e de mirare că lordii și doamnele din Anglia și locuitorii în costume cu dungi ai băncilor de pe Wall Street au început să se îngrijoreze. Nu e de mirare că Rockefeller i-a ordonat lui Bush să scape de Noriega și de guvernul panamez cât mai repede. Noriega era cu adevărat serios și hotărât în ceea ce privește războiul împotriva drogurilor! În ciuda declarației sale că Noriega era un traficant de droguri, președintele Bush nu a oferit niciodată nici măcar o fărâmă de dovadă pentru a-și susține afirmațiile.

De fapt, Adam Murphy, care a fost șeful Grupului de lucru din Florida din cadrul Sistemului Național de Interdicție a Narcoticelor la Frontieră (NNBIS), a declarat categoric următoarele:

> Pe parcursul întregii mele perioade de activitate la NNBIS

> și la Grupul de lucru din sudul Floridei, nu am văzut niciodată informații care să sugereze că generalul Noriega era implicat în traficul de droguri. De fapt, am considerat întotdeauna Panama un model în ceea ce privește cooperarea cu SUA în războiul împotriva drogurilor. Rețineți că o punere sub acuzare de către un mare juriu în această țară nu echivalează cu o condamnare. Dacă cazul Noriega va ajunge vreodată în fața instanței, voi analiza probele și concluziile juriului, dar până atunci nu dispun de nicio dovadă directă privind implicarea generalului. Experiența mea a fost exact opusă.

Cu toate acestea, în ciuda recomandărilor elogioase în sprijinul generalului Noriega și al guvernului panamez d, formulate de John Lawn în scrisoarea sa din 27 mai 1987, mai puțin de o lună mai târziu, Bush a orchestrat o revoltă împotriva guvernului legal al Panama. Carlos Eleta și partenerii săi de afaceri, inclusiv Endara, peonul, au primit imediat sprijinul armatei americane din Panama. Am văzut același mod de operare în Iran, cu îndepărtarea sordidă a prim-ministrului Mossadegh, conform anchetei generalului american Hauser.

Încălcarea dezgustătoare a Tratatului OAS nu a stârnit proteste din partea nimănui din această țară. Pat Robertson, televanghelistul, și toți asociații săi iubitori de libertate au rămas muți în fața fărădelegii demonstrabile a guvernului SUA. Prin urmare, merităm ceea ce vom primi atunci când guvernul își va îndrepta politicile fărădelege spre interior și le va folosi intern asupra cetățenilor săi. Succesul guvernului panamez al lui Noriega în eradicarea mafiei drogurilor din Panama, realizat pe baza credinței naive că Statele Unite erau cu adevărat angajate într-un război împotriva drogurilor și din dorința sinceră de a-și îndeplini obligațiile față de SUA în conformitate cu Tratatul OAS, a fost cauza pierzaniei guvernului panamez și a generalului Noriega. Permițându-i președintelui Bush să încalce Constituția SUA, aceasta va fi, de asemenea, pierzania Statelor Unite, așa cum le cunoaștem.

„Crima" de care Noriega și guvernul său s-au făcut vinovați a fost aceea că și-au făcut treaba prea bine și, făcând acest lucru, au călcat puternic pe bătături compania Dope International Limited și pe domnii și doamnele care fac parte din consiliul său de administrație. Să fie aceasta o lecție pentru oricine din lume care crede că administrația Bush este cu adevărat angajată într-un război împotriva drogurilor. Este un război fals, nici mai mult, nici mai puțin, și, după cum au spus mai mulți agenți sub acoperire ai DEA, dintre care unul a urmărit „Corporația", uriașul cartel bolivian de cocaină „ " și partenerii săi mexicani, aceștia au descoperit pe propria piele că era mai probabil să fii „pensionat" decât lăudat dacă te apropiai prea mult de vârful rețelei de trafic de droguri, sau să suferi în mâinile unui tiran și să-ți fie decis soarta de un tribunal de fațadă.

Situația din Panama în 2009 este că drogurile circulă mai liber ca niciodată, iar băncile implicate în spălarea banilor proveniți din traficul de droguri își desfășoară activitatea fără restricții. Economia țării este în ruină și așteaptă o infuzie de milioane de dolari americani din partea Statelor Unite, dar nimic din toate acestea nu contează cu adevărat. Ceea ce contează este că „democrația" a triumfat în această țară. Fie ca aceasta să fie o lecție pentru fiecare țară din America Latină! Să fie o lecție pentru fiecare națiune, că dacă acest lucru continuă, nicio națiune din lume nu va mai fi în siguranță. Când devii prieten cu SUA, s-ar putea foarte bine să-ți pierzi țara.

Capitolul cinci

Rolul Pakistanului în războiul împotriva drogurilor

Liga Musulmană a format primul guvern al Pakistanului sub conducerea lui Muhammad Ali Jinnah și Liaquat Ali Khan.

Conducerea Ligii Musulmane în politica pakistaneză a scăzut semnificativ odată cu ascensiunea altor partide politice, inclusiv Partidul Popular din Pakistan (PPP) în Pakistanul de Vest și Liga Awami în Pakistanul de Est, ceea ce avea să ducă în cele din urmă la crearea Bangladeshului. Prima Constituție a Pakistanului a fost adoptată în 1956, dar a fost suspendată în 1958 de Ayub Khan. Constituția din 1973, suspendată în 1977 de Zia-ul-Haq, a fost reinstituită în 1991 și este cel mai important document al țării, punând bazele guvernării.

Pakistanul este o republică democratică federală, cu islamul ca religie de stat. Sistemul semi-prezidențial include un sistem legislativ bicameral format dintr-un Senat de 100 de membri și o Adunare Națională de 342 de membri.

Președintele este șeful statului și comandantul suprem al forțelor armate și este ales de un colegiu electoral.

Prim-ministrul este, de obicei, liderul celui mai mare partid d ul Adunării Naţionale. Fiecare provincie are un sistem de guvernare similar, cu o Adunare Provincială aleasă direct, în cadrul căreia liderul celui mai mare partid sau alianţă devine ministru-şef. Guvernatorii provinciali sunt numiţi de preşedinte.

Armata pakistaneză a jucat un rol influent în politica mainstream de-a lungul istoriei Pakistanului, cu preşedinţi militari la putere în perioadele 1958-1971, 1977-1988 şi din 1999 până în prezent. Partidul de stânga PPP, condus de Zulfikar Ali Bhutto, a devenit un actor politic important în anii 1970. Sub conducerea militară a lui Muhammad Zia-ul-Haq, Pakistanul a început o schimbare marcantă de la politica şi politicile seculare din era britanică, către adoptarea Shariatului şi a altor legi bazate pe islam.

În anii 1980, Mişcarea Muttahida Qaumi (MQM), anti-feudală şi pro-Muhajir, a fost înfiinţată de locuitori urbani neortodocşi şi educaţi din Sindh şi, în special, din Karachi. Anii 1990 au fost caracterizaţi de o politică de coaliţie dominată de PPP şi de o Ligă Musulmană reînnoită.

La alegerile generale din octombrie 2002, Liga Musulmană din Pakistan (PML-Q) a câştigat o majoritate relativă de locuri în Adunarea Naţională, al doilea grup ca mărime fiind Parlamentarii Partidului Popular din Pakistan (PPPP), un sub-partid al PPP. Zafarullah Khan Jamali, din PML-Q, a devenit prim-ministru, dar a demisionat la 26 iunie 2004 şi a fost înlocuit de liderul PML-Q, Chaudhry Shujaat Hussain, în calitate de prim-ministru interimar. La 28 august 2004, Adunarea Naţională a votat cu 191 de voturi pentru şi 151 împotrivă pentru a-l alege pe ministrul de finanţe şi fostul vicepreşedinte al Citibank, Shaukat Aziz, în funcţia de prim-ministru. Muttahida Majlis-e-Amal, o coaliţie de partide religioase islamice, a câştigat alegerile în

Provincia Frontierei de Nord-Vest și și-a mărit reprezentarea în Adunarea Națională.

Pakistanul este un membru activ al Organizației Națiunilor Unite (ONU) și al Organizației Conferinței Islamice (OCI), pe care Pakistanul a folosit-o ca forum pentru „Moderația Iluminată", un plan de promovare a renașterii și iluminării în lumea musulmană. Pakistanul este, de asemenea, membru al principalelor organizații regionale, precum Asociația Sud-Asiatică pentru Cooperare Regională (SAARC) și Organizația pentru Cooperare Economică (ECO). În trecut, Pakistanul a avut relații mixte cu Statele Unite, în special la începutul anilor 1950, când Pakistanul era „cel mai apropiat aliat al Statelor Unite în Asia" și membru atât al Organizației Tratatului Central (CENTO), cât și al Organizației Tratatului Asiei de Sud-Est (SEATO).

În timpul războiului sovieto-afgan din anii 1980, Pakistanul a fost un aliat crucial al SUA, dar relațiile s-au deteriorat în anii 1990, când SUA au aplicat sancțiuni din cauza suspiciunilor privind activitățile nucleare ale Pakistanului. Atacurile din 11 septembrie și războiul împotriva terorismului care a urmat au dus la o îmbunătățire a relațiilor dintre SUA și Pakistan, mai ales după ce Pakistanul a încetat să mai susțină regimul taliban din Kabul. Acest lucru a fost evidențiat de o creștere drastică a ajutorului militar american, Pakistanul primind cu 4 miliarde de dolari mai mult în cei trei ani de după atacurile din 11 septembrie decât în cei trei ani anteriori.

Pakistanul are de mult timp relații tensionate cu vecina India. Disputa privind Kashmirul a dus la războaie în toată regula în 1947 și 1965. Războiul civil din 1971 a degenerat în Războiul de Independență al Bangladeshului și Războiul Indo-Pakistanez din 1971. Pakistanul a efectuat teste cu arme nucleare în 1998 pentru a contrabalansa testele nucleare ale Indiei, denumite „Smiling Buddha" în 1974 și Pokhran-II în 1998, devenind astfel singura țară musulmană care deține arme nucleare. Relațiile cu India s-au îmbunătățit constant în urma inițiativelor de pace din 2002. Pakistanul menține relații economice, militare și politice strânse cu Republica Populară Chineză.

Pakistanul se confruntă, de asemenea, cu instabilitate în zonele tribale administrate federal, unde unii lideri tribali susțin talibanii. Pakistanul a fost nevoit să desfășoare armata în aceste regiuni pentru a reprima tulburările locale, în Waziristan. Conflictul din Waziristan s-a încheiat cu un acord de pace declarat recent între liderii tribali și guvernul pakistanez, care se așteaptă să readucă stabilitatea în regiune. În plus, țara se confruntă de mult timp cu instabilitate în Balochistan, cea mai mare provincie a sa ca suprafață, dar cea mai mică ca populație.

Armata a fost mobilizată pentru a combate o insurgență gravă în provincie în perioada 1973-1976. Stabilitatea socială a fost restabilită după ce Rahimuddin Khan a fost numit administrator al legii marțiale începând cu 1977. După o perioadă de relativă pace pe parcursul anilor 1980 și 1990, unii lideri tribali balochi influenți au reluat mișcarea separatistă când Pervez Musharraf a preluat puterea în 1999. Într-un incident din august 2006, Nawab Akbar Bugti, liderul insurgenței baloch, a fost ucis de forțele militare pakistaneze. La 3 noiembrie 2007, președintele Musharraf a declarat starea de urgență în întreg Pakistanul și a pretins că suspendă Constituția, impunând legea marțială.

La Islamabad, trupele au pătruns aparent în Curtea Supremă și au înconjurat locuințele judecătorilor, iar liderii opoziției, precum Benazir Bhutto și Imran Khan, au fost plasați în arest la domiciliu. Judecătorul Abdul Hameed Dogar a fost numit noul președinte al Curții Supreme din Pakistan, ca urmare a refuzului lui Iftikhar Muhammad Chaudhry de a aproba ordinul de urgență, declarându-l neconstituțional, deși el însuși depusese jurământul în temeiul PCO în 1999. Ca răspuns, Pakistanul a fost suspendat din consiliile Commonwealth-ului Națiunilor la 22 noiembrie 2007.

În ultimii ani, islamiștii militanți din cadrul organizației Tehreek-e-Nafaz-e — Shariat-e-Mohammadi (TNSM), conduși de clericul radical Maulana Fazlullah, s-au revoltat împotriva guvernului pakistanez în regiunea Swat, din Provincia de Frontieră de Nord-Vest. În 59 de sate, militanții au instituit un „guvern paralel", cu tribunale islamice care impuneau legea sharia.

După ce o armistițiu de patru luni s-a încheiat la sfârșitul lunii septembrie 2007, luptele au reînceput. Forțele paramilitare Frontier Constabulary au fost trimise în zonă pentru a potoli violențele, dar păreau ineficiente.

Pe 16 noiembrie 2007, s-a raportat că militanții au capturat sediul districtului Alpuri din vecinătatea Shangla. Poliția locală a fugit fără a opune rezistență forței militante care avansa și care, pe lângă militanții locali, includea și voluntari uzbeci, tadjici și ceceni.

Pentru a respinge militanții și a restabili ordinea, guvernul pakistanez a desfășurat o forță din armata regulată pakistaneză, care a reușit să recucerească teritoriul pierdut, alungând islamiștii în ascunzătorile lor din munți, dar atacurile sinucigașilor cu bombe asupra armatei au continuat.

S-a raportat că Comandamentul Operațiunilor Speciale al Statelor Unite lua în considerare alternative pentru a acorda ajutor eficient Pakistanului în ceea ce privește această insurgență și alte insurgențe legate de Al-Qaeda din zonele tribale ale Pakistanului, dar perspectivele rămân incerte, chiar și după un studiu special realizat în 2008.

Răposata Benazir Bhutto a fost prima femeie aleasă să conducă un stat musulman postcolonial. Ea a fost aleasă de două ori prim-ministru al Pakistanului. A depus jurământul pentru prima dată în 1988, dar a fost demisă din funcție 20 de luni mai târziu, la ordinul președintelui de atunci, Ghulam Ishaq Khan, pe motiv de presupusă corupție.

În 1993, Bhutto a fost realeasă, dar a fost din nou destituită în 1996 pe baza unor acuzații similare. Bhutto s-a exilat voluntar în Dubai în 1998, unde a rămas până când s-a întors în Pakistan pe 18 octombrie 2007, după ce generalul Musharraf a promovat o lege specială care o absolvea de toate acuzațiile de corupție, prin care i s-a acordat amnistie și toate acuzațiile de corupție au fost retrase. Fiica cea mare a fostului premier Zulfikar Ali Bhutto — un pakistanez de origine sindhi — și a Begum („Lady") Nusrat Bhutto, o pakistaneză de origine irano-kurdă, ea a fost acuzată de nepoata sa, Fatima Bhutto, de corupție gravă și de faptul că ar fi fost responsabilă, împreună cu soțul său, Asif Zardari, de asasinarea fratelui său, Murtaza Bhutto, în 1996.

După doi ani de școlarizare la Mănăstirea Presentation din Rawalpindi, Bhutto a fost trimisă la Mănăstirea Jesus and Mary din Murree. A promovat examenul de bacalaureat la vârsta de 15 ani, vârsta obișnuită fiind 17 ani. După ce și-a finalizat studiile primare în Pakistan, a urmat Universitatea Harvard, unde a obținut o diplomă de licență cu distincție în științe politice comparate.

Următoarea etapă a studiilor sale a avut loc în Regatul Unit. Între 1973 și 1977, Bhutto a studiat filosofia, politica și economia la Lady Margaret Hall, Oxford. În timpul studiilor la Oxford, a urmat un curs de drept internațional și diplomație. În decembrie 1976, a fost aleasă președintă a Oxford Union d, devenind prima femeie asiatică care a condus prestigioasa societate de dezbateri. La 18 decembrie 1987 s-a căsătorit cu Asif Ali Zardari la Karachi. Din această căsătorie au rezultat trei copii. Tatăl lui Benazir Bhutto, fostul prim-ministru Zulfikar Ali Bhutto, a fost demis din funcția de prim-ministru în 1975, sub acuzații de corupție similare cu cele cu care Benazir Bhutto se va confrunta mai târziu.

Într-un proces din 1977, sub acuzația de conspirație la uciderea tatălui politicianului disident Ahmed Raza Kasuri, Zulfikar Ali Bhutto a fost condamnat la moarte. În ciuda faptului că acuzația era „puternic contestată de opinia publică" și în ciuda numeroaselor apeluri la clemență din partea liderilor străini, inclusiv a Papei, Bhutto a fost spânzurat pe 4 aprilie 1979. Apelurile la clemență au fost respinse de către președintele de atunci, generalul Muhammad Zia-ul-Haq. Benazir Bhutto și mama ei au fost ținute într-un „lagăr al poliției" până la sfârșitul lunii mai, după execuția tatălui ei.

În 1980, fratele ei, Shahnawaz, a fost ucis în circumstanțe suspecte în Franța. Uciderea unui alt frate al ei, Mir Murtaza, în 1996, a contribuit la destabilizarea celui de-al doilea mandat al ei ca prim-ministru. Bhutto, care se întorsese în Pakistan după finalizarea studiilor, s-a trezit plasată în arest la domiciliu în urma încarcerării și a execuției ulterioare a tatălui ei. După ce i s-a permis în 1984 să se întoarcă în Marea Britanie, a devenit lider în exil al PPP, partidul tatălui său, deși nu a reușit să-și facă simțită prezența politică în Pakistan decât după moartea generalului Muhammad Zia-ul-Haq. Ea îi succedase mamei sale ca lider al Partidului Popular din Pakistan și al opoziției pro-democratice față de regimul Zia-ul-Haq.

Pe 16 noiembrie 1988, la primele alegeri libere d, după mai bine de un deceniu, PPP-ul lui Benazir a câștigat cel mai mare număr de locuri în Adunarea Națională. Bhutto a depus jurământul ca prim-ministru al unui guvern de coaliție pe 2 decembrie 1998, devenind, la vârsta de 35 de ani, cea mai tânără persoană — și prima femeie — care a condus guvernul unui stat cu majoritate musulmană în epoca modernă.

Însă guvernul ei a fost demis în 1990 în urma unor acuzații de corupție, pentru care nu a fost niciodată judecată. Protejatul lui Zia, Nawaz Sharif, a ajuns ulterior la putere. Bhutto a fost realeasă în 1993, dar a fost demisă trei ani mai târziu, pe fondul unui val de scandaluri de corupție, de către președintele de atunci, Farooq Leghari, care a folosit puterile discreționare conferite de cel de-al optulea amendament pentru a-i dizolva guvernul. Curtea Supremă a confirmat demiterea președintelui Leghari cu o hotărâre de 6 la 1.

În 2006, Interpolul a emis un mandat de arestare pe numele lui Benazir și al soțului ei. Criticile la adresa lui Benazir au venit în mare parte din partea elitelor punjabe și a familiilor puternice de proprietari de pământ care s-au opus lui Bhutto pe măsură ce aceasta împingea Pakistanul către o reformă naționalistă, în detrimentul intereselor lorzilor feudali, pe care îi învinuia de destabilizarea țării sale. După ce a fost demisă de președintele Pakistanului sub acuzația de corupție, partidul ei a pierdut alegerile din octombrie. Ea a ocupat funcția de lider al opoziției, în timp ce Nawaz Sharif a devenit prim-ministru pentru următorii trei ani. Alegerile au avut loc din nou în octombrie 1993, iar coaliţia ei, PPP, a ieşit victorioasă, readucând-o pe Bhutto la putere. În 1996, guvernul ei a fost din nou demis sub acuzaţia de corupţie.

Documente franceze, poloneze, spaniole şi elveţiene au dus la noi acuzaţii de corupţie împotriva lui Benazar şi a soţului ei, iar amândoi s-au confruntat cu o serie de proceduri judiciare, inclusiv o acuzaţie de spălare de bani prin bănci elveţiene, conform site-ului. Soţul ei, Asif Ali Zardari, a petrecut opt ani în închisoare pentru acuzaţii similare de corupţie. Zardari, eliberat din închisoare în 2004, a sugerat că perioada petrecută în închisoare a implicat tortură.

Un raport de investigaţie *al New York Times* din 1998 indică faptul că autorităţile pakistaneze deţineau documente care dezvăluiau o reţea de conturi bancare, toate legate de avocatul familiei din Elveţia, cu Asif Zardari ca acţionar principal. Conform articolului, documentele publicate de autorităţile franceze indicau că Zardari a oferit drepturi exclusive companiei Dassault, un producător francez de avioane, pentru a înlocui avioanele de vânătoare învechite ale forţelor aeriene pakistaneze, în schimbul unei comisioane de 5% care urma să fie plătită unei corporaţii elveţiene controlate de Zardari. Articolul menţiona, de asemenea, că o companie din Dubai a primit o licenţă exclusivă pentru importul de aur în Pakistan, pentru care Asif Zardari a primit plăţi de peste 10 milioane de dolari în conturile sale de la Citibank din Dubai. Proprietarul companiei a negat că ar fi efectuat plăţi către Zardari şi susţine că documentele sunt falsuri.

Bhutto susţine că acuzaţiile aduse împotriva ei şi a soţului ei sunt pur politice. „Majoritatea acelor documente sunt falsificate", a declarat ea, „iar poveştile care s-au ţesut în jurul lor sunt absolut eronate". Raportul Auditorului General al Pakistanului (AGP) a susținut afirmația lui Bhutto. Acesta a prezentat informații care sugerează că Benazir Bhutto a fost îndepărtată de la putere în 1990 ca urmare a unei vânători de vrăjitoare aprobate de președintele de atunci, Ghulam Ishaq Khan. Raportul AGP a arătat că Khan a efectuat plăți ilegale în valoare de 28 de milioane de rupii pentru a intenta 19 dosare de corupție împotriva lui Bhutto și a soțului ei în perioada 1990-1993.

Activele deținute de Bhutto și soțul ei au fost verificate cu atenție de către procurori, care au susținut apoi că conturile bancare ale familiei Bhutto din Elveția conțineau 840 de milioane de dolari. Zardari a cumpărat, de asemenea, un conac în stil neo-Tudor și o proprietate în valoare de peste 4 milioane de lire sterline în Surrey, Anglia, Marea Britanie. Anchetatorii pakistanezi au legat alte proprietăți din străinătate de familia lui Zardari. Printre acestea se număra un conac de 2,5 milioane de dolari în Normandia, deținut de părinții lui Zardari, care aveau active modeste la momentul căsătoriei sale. Bhutto a negat că ar deține active substanțiale în străinătate.

Până de curând, Bhutto și soțul ei au continuat să facă obiectul unor acuzații ample de corupție oficială în legătură cu „comisioane" de sute de milioane de dolari din contracte și licitații guvernamentale. Însă, datorită unui acord de împărțire a puterii negociat în octombrie 2007 între Bhutto și Musharraf, Benazir și soțul ei au primit amnistie. Dacă acest lucru rămâne valabil, evoluția ar putea determina o serie de bănci elvețiene să „deblocheze" conturi care au fost înghețate la sfârșitul anilor 1990. Ordinul executiv ar putea fi, în principiu, contestat de către sistemul judiciar, deși viitorul acestuia este incert din cauza acelorași evoluții recente. La 23 iulie 1998, guvernul elvețian a predat guvernului pakistanez documente referitoare la acuzațiile de corupție aduse împotriva lui Benazir Bhutto și a soțului ei. Documentele includeau o acuzație oficială de spălare de bani formulată de autoritățile elvețiene împotriva lui Zardari.

Guvernul pakistanez desfășura o anchetă de amploare pentru a da socoteală de peste 13,7 milioane de dolari înghețați de autoritățile elvețiene în 1997, care ar fi fost ascunși în bănci de Bhutto și soțul ei. Guvernul pakistanez a formulat recent acuzații penale împotriva lui Bhutto, în efortul de a depista suma estimată la 1,5 miliarde de dolari pe care ea și soțul ei ar fi primit-o din diverse activități criminale. Documentele sugerează că banii pe care se presupune că i-a spălat ul Zardari erau la dispoziția lui Benazir Bhutto și fuseseră folosiți pentru a cumpăra un colier cu diamante în valoare de peste 175.000 de dolari.

PPP a răspuns negând categoric acuzațiile, sugerând că autoritățile elvețiene au fost induse în eroare de dovezi false furnizate de Islamabad. La 6 august 2003, magistrații elvețieni i-au găsit pe Benazir și pe soțul ei vinovați de spălare de bani. Au primit pedepse cu închisoarea de șase luni cu suspendare, au fost amendați cu 50.000 de dolari fiecare și li s-a ordonat să plătească 11 milioane de dolari guvernului pakistanez.

Procesul, care a durat șase ani, a concluzionat că Benazir și Zardari au depus în conturi elvețiene 10 milioane de dolari primiți de la o companie elvețiană în schimbul unui contract în Pakistan. Cuplul a declarat că va face apel. Anchetatorii pakistanezi susțin că Zardari a deschis un cont la Citibank în Geneva în 1995, prin care, potrivit acestora, a transferat aproximativ 40 de milioane de dolari din cei 100 de milioane de dolari pe care i-a primit ca mită de la companii străine care desfășurau activități în Pakistan.

În octombrie 2007, Daniel Zappelli, procurorul șef al cantonului Geneva, a declarat că a primit luni concluziile unei anchete privind spălarea de bani împotriva fostului prim-ministru pakistanez Benazir Bhutto, dar nu era clar dacă vor mai fi luate măsuri legale împotriva acesteia în Elveția:

> Guvernul polonez a transmis Pakistanului 500 de pagini de documente referitoare la acuzațiile de corupție aduse împotriva lui Benazir Bhutto și a soțului acesteia. Aceste acuzații se referă la achiziționarea a 8.000 de tractoare în cadrul unei tranzacții din 1997. Potrivit oficialilor pakistanezi, documentele poloneze conțin detalii despre comisioanele ilegale plătite de compania producătoare de tractoare în schimbul acceptării contractului. Se presupune că acordul „ ” a „deturnat" 103 milioane de rupii (2 milioane de dolari) sub formă de mită.

Probele documentare primite din Polonia confirmă schema de comisioane ilegale pusă la punct de Asif Zardari și Benazir Bhutto sub pretextul lansării programului de tractoare Awami.

Benazir Bhutto și Asif Ali Zardari ar fi primit o comision de 7,15% din aceste achiziții prin intermediul oamenilor lor de fațadă, Jens Schlegelmilch și Didier Plantin de la Dargal S.A., care au primit, de asemenea, aproximativ 1,969 milioane de dolari pentru furnizarea a 5.900 de tractoare Ursus.

În cea mai mare plată unică descoperită de anchetatori, un comerciant de lingouri de aur din Orientul Mijlociu ar fi depus cel puțin 10 milioane de dolari într-unul dintre conturile lui Zardari după ce guvernul Bhutto i-a acordat monopolul asupra importurilor de aur care susțineau industria bijuteriilor și comerțul cu droguri din Pakistan. Banii ar fi fost depuși în contul lui Zardari de la Citibank din Dubai. Coasta pakistaneză a Mării Arabiei, care se întinde de la Karachi până la granița cu Iranul, a fost mult timp un paradis al contrabandiștilor de aur.

Până la începutul celui de-al doilea mandat al lui Bhutto, comerțul, care se ridica la sute de milioane de dolari pe an, era nereglementat, cu lingouri de aur numite „biscuits" și lingouri mai mari, transportate cu avioane și nave care circulau între Golful Persic și coasta pakistaneză, în mare parte nepăzită. Coasta pustie din Maccra este, de asemenea, punctul de descărcare a uriașelor transporturi de heroină și opiu provenite din Afganistan și reprezintă pilonul principal al comerțului cu aur cu British Bank of the Middle East, cu sediul în Dubai.

La scurt timp după ce Bhutto s-a întors în funcția de prim-ministru în 1993, un comerciant pakistanez de lingouri d, Abdul Razzak Yaqub, a propus o înțelegere. În schimbul dreptului exclusiv de a importa aur, Razzak urma să ajute guvernul să reglementeze comerțul. În noiembrie 1994, Ministerul Comerțului din Pakistan i-a scris lui Razzak pentru a-l informa că i s-a acordat o licență care îl făcea, cel puțin pentru următorii doi ani, singurul importator autorizat de aur din Pakistan.

Într-un interviu acordat în biroul său din Dubai, Razzak a recunoscut că a folosit licența pentru a importa aur în valoare de peste 500 de milioane de dolari în Pakistan și că a călătorit de mai multe ori la Islamabad pentru a se întâlni cu Bhutto și Zardari. Dar el a negat că ar fi existat vreo corupție sau înțelegeri secrete. „Nu i-am plătit niciun cent lui Zardari", a spus el.

Razzak susţine că cineva din Pakistan, care dorea să-i distrugă reputaţia, a aranjat ca firma sa să fie identificată în mod eronat ca deponent. „Cineva din bancă a colaborat cu duşmanii mei pentru a crea documente false", a spus el.

În niciun moment nu s-a menţionat enormul comerţ cu heroină și opiu, deşi acesta stă la baza tranzacţiilor cu aur din Dubai. Ţăranii cultivatori de mac din Helmand, în Afganistan, nu acceptă bani de hârtie pentru recoltele lor şi sunt întotdeauna plătiţi în aur. Din septembrie 2004, Bhutto a locuit în Dubai, Emiratele Arabe Unite, unde a avut grijă de copiii ei și de mama ei, care suferă de boala Alzheimer, călătorind pentru a ține prelegeri și păstrând legătura cu susţinătorii Partidului Popular din Pakistan. Acest lucru ridică, în mod firesc, întrebarea: de ce Dubai?

Răspunsul este evident. Bhutto a rămas în Dubai pentru a supraveghea tranzacţiile uriaşe cu aur efectuate prin Banca din Dubai. Ea şi cei trei copii ai săi s-au reunit cu soţul şi tatăl lor în decembrie 2004, după mai bine de cinci ani.

Pe 27 ianuarie 2007, a fost invitată de Statele Unite să discute cu președintele Bush și cu oficiali ai Congresului și ai Departamentului de Stat. Bhutto a apărut ca invitată la emisiunea BBC TV „Question Time" din Marea Britanie în martie 2007. De asemenea, a apărut de mai multe ori la emisiunea de actualităţi a BBC, „News Night". Ea a respins comentariile făcute de Muhammad Ijaz-ul-Haq în mai 2007 cu privire la titlul de cavaler acordat lui Salman Rushdie, invocând faptul că acesta îndemna la asasinarea cetăţenilor străini.

Bhutto își declarase intenția de a se întoarce în Pakistan în 2007, lucru pe care l-a și făcut, în ciuda declarațiilor lui Musharraf din mai 2007, potrivit cărora nu îi va permite să se întoarcă înainte de alegerile generale din țară, programate pentru sfârșitul anului 2007 sau începutul anului 2008, pe motiv că ar putea fi asasinată. Cu toate acestea, alte surse o avertizaseră cu privire la o probabilitate foarte mare ca să se încerce asasinarea ei. Comerțul cu droguri este o afacere foarte periculoasă, iar cei care fac greșeala de a se pune cu familiile care dețin controlul asupra acestui comerț lucrativ își asumă un risc foarte mare.

Istoricul american Arthur Herman, într-o scrisoare controversată publicată în *Wall Street Journal* pe 14 iunie 2007, ca răspuns la un articol al lui Bhutto, extrem de critic la adresa președintelui și a politicilor sale, a descris-o ca fiind „...Una dintre cele mai incompetente lideri din istoria Asiei de Sud" și a afirmat că ea și alte elite din Pakistan îl urau pe Musharraf pentru că este un muhajir, fiul unuia dintre milioanele de musulmani indieni care au fugit în Pakistan în timpul divizării din 1947. Herman a mai susținut:

> „Deși muhajirii au fost cei care au militat pentru crearea Pakistanului, mulți pakistanezi autohtoni îi privesc cu dispreț și îi tratează ca pe niște cetățeni de mâna a treia."

Cu toate acestea, la jumătatea anului 2007, SUA păreau să facă presiuni pentru un acord în care Musharraf să rămână președinte, dar să renunțe la funcția de șef al armatei, iar Bhutto sau unul dintre candidații ei să devină prim-ministru.

În ciuda tuturor conflictelor interne, comerțul cu droguri a continuat, aparent indiferent la conflictele politice în curs.

Nimeni nu a fost suficient de curajos să intervină și să blocheze ruta dintre Afganistan și coastele Maccra, ceea ce ar fi oprit comerțul masiv cu opiu. Miza era pur și simplu prea mare pentru ca cineva să încerce o sarcină atât de monumentală. În 2007, DEA a declarat că producția de opiu din Afganistan a atins un nivel record de 6.000 de tone pe an, în ciuda faptului că principala zonă de cultivare a macului de opiu, Helmand, era patrulată constant, în principal de trupele britanice și americane sub comanda NATO.

Baronii drogurilor au arătat lumii încă o dată că, indiferent de tipul de guvern care controlează o țară (orice țară, cu excepția Rusiei), ei pot continua să-și desfășoare afacerile folosind metode inovatoare, schimbând ritmul și direcția. Mă îndoiesc foarte mult că noul președinte al SUA, Barack Obama, va avea voie să pună în aplicare măsurile pe care ar dori să le ia. Timpul va decide. Între timp, afacerea de miliarde de dolari continuă să funcționeze. Noul „plan de afaceri" al cartelului de droguri include mutarea distribuției de cocaină din Mexic, Caraibe și Panama, în îndepărtata Africă.

În plus, managerii au redus prețul cocainei d, cu 50% la nivel de en-gros, făcând ca prețul unei „doze" de cocaină să fie sub 5,00 dolari, la îndemâna tuturor clienților de pe stradă. Frumusețea acestui plan din perspectiva cartelului este că țările africane importatoare sunt ușor de gestionat și, cu una sau două excepții notabile, aplicarea legii este extrem de laxă și foarte susceptibilă la mită.

O altă țară de intrare a cocainei pe piața europeană este „Kosova", ideea lui Richard Holbrook, așa-numitul arhitect al distrugerii Serbiei, care a fost pur și simplu oferită ca un cadou gratuit Albaniei decadente, implicată în traficul de sclavi albi și de droguri. Da, credeți sau nu, produsul național brut al Albaniei este alcătuit din venituri provenite din traficul de droguri și traficul de sclavi albi.

De acum înainte, comerțul cu cocaină va înflori în Kosova, așa cum a făcut-o timp de o sută de ani în Albania. Orice încercare a agenților DEA de a-l opri va fi întâmpinată cu intimidarea și uciderea agenților săi. Până când agenția antinarcotice a ONU și forțele antidrog din Europa de Vest și Statele Unite vor putea controla noile rute de distribuție, baronii cartelurilor de droguri vor avea practic cale liberă.

O actualizare din aprilie 2009

Acum trei ani, autoritățile mexicane, îndemnate de SUA, au declarat război traficanților de droguri. Din cauza acestei acțiuni, Mexicul se confruntă cu un declin rapid și cu colapsul, dacă SUA nu intervine și nu ajută Mexicul cu trupe și finanțare adecvată. Deși secretarul de stat al noii administrații Obama recunoaște că bătălia care se dă în Mexic reprezintă un pericol foarte real dacă se extinde în SUA, ea a declarat recent pentru CBS News că se pregătește să ia măsuri pentru a ajuta Mexicul cu oameni și bani. Având în vedere faptul cunoscut că baronii drogurilor mexicani terorizează Mexicul cu acte de brutalitate îngrozitoare, reticența de până acum a SUA de a veni în ajutorul său este greu de înțeles. Nu este ca și cum Mexicul ar fi departe de SUA sau că nu am avea relații strânse. De fapt, din punct de vedere diplomatic, suntem mai apropiați de Mexic decât de Canada.

În ianuarie 2009, teroriștii mexicani ai drogurilor au răpit 10 soldați. La scurt timp după aceea, cadavrele lor, ciuruite de gloanțe, au fost aruncate pe marginea unei șosele aglomerate. Într-un alt caz, un cetățean considerat informator al poliției a fost răpit, decapitat, iar cadavrul său a fost atârnat de marginea unui pod rutier, la vedere pentru mii de șoferi care foloseau pasajul subteran.

În 2008, 6300 de persoane au fost răpite și ucise de teroriștii traficanți de droguri. De fapt, Mexico City și-a câștigat reputația deloc de invidiat de a fi capitala mondială a răpirilor. Atât bogații, cât și săracii d, sunt victime. Recent, 250.000 de oameni s-au adunat în piața principală din Mexico City pentru a protesta împotriva reacției lente a guvernului față de baronii drogurilor. Dar adevărul este că Mexicul nu are nici forța de muncă, nici banii necesari pentru a organiza un răspuns copleșitor împotriva baronilor drogurilor, așa cum ar fi nevoie. Și încă un lucru: teroriștii traficanți de droguri sunt mai bine înarmați decât poliția mexicană și agenții federali antidrog. Traficanții de droguri dispun de puști complet automate și grenade de mână și au depășit în mod regulat poliția mexicană în ceea ce privește armamentul, în numeroase bătălii aprige. Armele lor superioare sunt achiziționate cu bani gheață de la traficanți din Statele Unite. Guvernul SUA afirmă că face presiuni pentru a opri aceste vânzări de arme. Un studiu recent al ONU privind Mexicul arată că traficul de droguri se ridică la suma uluitoare de 38 de miliarde de dolari pe an, iar în fiecare lună tot mai mulți traficanți intră în această afacere. Corupția în rândul forțelor mexicane de combatere a drogurilor este răspândită și, deși procurorul general al Mexicului afirmă că a adoptat noi măsuri pentru a reduce traficul de droguri, totul indică o creștere a criminalității violente legate de droguri. Există câteva puncte luminoase în acest tablou sumbru:

În 2008, Mexicul a arestat 57.000 de traficanți de droguri și tocmai s-a dezvăluit că guvernul SUA a alocat încă 56 de milioane de dolari pe an pentru a ajuta Mexicul în lupta sa împotriva baronilor drogurilor. Așa cum se temea, teroarea drogurilor din Mexic s-a extins în 230 de orașe din SUA și este astăzi, la mijlocul lunii aprilie 2009, infracțiunea numărul unu în America. Este de datoria noastră să ne alăturăm luptei care se desfășoară acum împotriva amenințării periculoase a traficului de droguri care amenință America. Trebuie să realizăm că suntem în război cu oameni nemiloși, hotărâți să submineze și să distrugă marea noastră Republică. SUA trebuie să urmeze exemplul președintelui Betancourt din Columbia. Întregul viitor al națiunii noastre este în joc. Acesta nu este un război din care putem sta deoparte. Este o luptă pe viață și pe moarte. Trebuie să câștigăm acest război. Dacă nu o vom face, atunci inamicul din interiorul porților noastre va fi făcut un pas uriaș înainte în implementarea programului său de sclavie și întuneric pentru noi toți, așa cum este prevăzut în planurile Guvernului Mondial Unic.

Alte titluri

OMNIA VERITAS
OMNIA VERITAS LTD PREZINTĂ:
FRANCMASONERIA
de la A la Z
John Coleman
În secolul XXI, masoneria a devenit mai puțin o lojă secretă și mai mult o „societate a misterelor".
Această carte explică ce este masoneria
JOHN COLEMAN
FRANCMASONERIA
de la A la Z

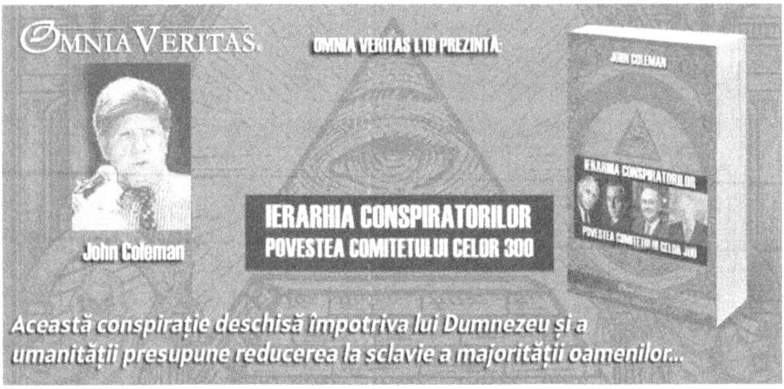
OMNIA VERITAS
OMNIA VERITAS LTD PREZINTĂ:
John Coleman
IERARHIA CONSPIRATORILOR
POVESTEA COMITETULUI CELOR 300
Această conspirație deschisă împotriva lui Dumnezeu și a umanității presupune reducerea la sclavie a majorității oamenilor...

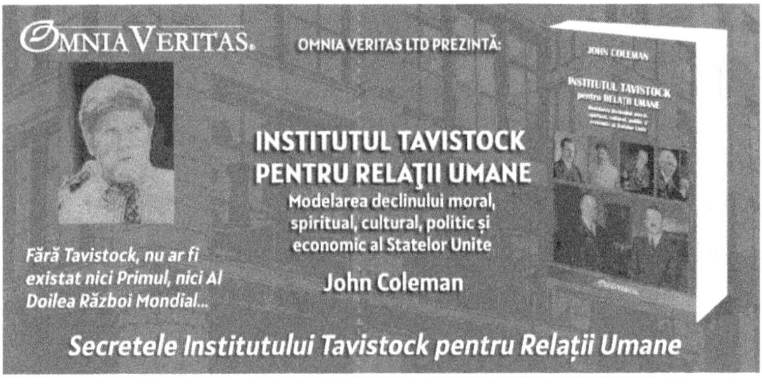
OMNIA VERITAS
OMNIA VERITAS LTD PREZINTĂ:
INSTITUTUL TAVISTOCK
PENTRU RELAŢII UMANE
Modelarea declinului moral, spiritual, cultural, politic și economic al Statelor Unite
John Coleman
Fără Tavistock, nu ar fi existat nici Primul, nici Al Doilea Război Mondial...
Secretele Institutului Tavistock pentru Relații Umane

OMNIA VERITAS
OMNIA VERITAS LTD PREZINTĂ:
LUPTĂM PENTRU PETROL
O istorie a războaielor petroliere ale SUA
JOHN COLEMAN
Povestea istorică a industriei petroliere ne poartă prin meandrele „diplomației".
Lupta pentru monopolizarea resursei râvnite de toate națiunile

OMNIA VERITAS
OMNIA VERITAS LTD PREZINTĂ:
O singură ordine mondială
DICTATURA SOCIALISTĂ
În toți acești ani, în timp ce atenția noastră era îndreptată spre atrocitățile comunismului de la Moscova, socialiștii de la Washington erau ocupați să jefuiască America!
JOHN COLEMAN
„Inamicul de la Washington este mai de temut decât cel de la Moscova".

OMNIA VERITAS
OMNIA VERITAS LTD PREZINTĂ:
JOHN COLEMAN
CLUBUL DE LA ROMA
GRUPUL DE REFLEC
ORDINI MONDIALE
Numeroasele evenimente tragice și explozive ale secolului al XX-lea nu s-au produs de la sine, ci au fost planificate după un model consacrat...
JOHN COLEMAN
Cine au fost organizatorii și creatorii acestor evenimente de amploare?

www.ingramcontent.com/pod-product-compliance
Lightning Source LLC
LaVergne TN
LVHW011014061026
849535LV00006B/1874
* 9 7 8 1 8 0 5 4 0 4 1 5 6 *